Manfred Wolfersdorf, Andrea Heindl

Chronische Depression

D1720481

Therapeutische Praxis

Herausgegeben von
Peter Fiedler und Hans Reinecker

Manfred Wolfersdorf, Andrea Heindl

Chronische Depression

Grundlagen, Erfahrungen und Empfehlungen

PABST SCIENCE PUBLISHERS

Anschrift der Autoren:

Prof. Dr. Manfred Wolfersdorf
Depressionszentrum
Klinik für Psychiatrie und Psychotherapie
am Bezirkskrankenhaus
Nordring 2
95445 Bayreuth

Dipl.-Psych. Andrea Heindl
Depressionsambulanz des Depressionszentrums
Klinik für Psychiatrie und Psychotherapie
Bezirkskrankenhaus Bayreuth
Cottenbacherstr. 23b
95445 Bayreuth

Lektorat: Gerhard Tinger

Herausgeber der Reihe „Therapeutische Praxis":

Prof. Dr. Peter Fiedler
Universität Heidelberg
Psychologisches Institut
Hauptstr. 47-51
69117 Heidelberg

Prof. Dr. Hans Reinecker
Otto-Friedrich-Universität Bamberg
Lehrstuhl Klinische Psychologie
Markusplatz 3
96047 Bamberg

Bibliografische Information Der Deutschen Bibliothek
Die Deutsche Bibliothek verzeichnet diese Publikation in der Deutschen Nationalbibliografie;
detaillierte bibliografische Daten sind im Internet unter <http://dnb.ddb.de> abrufbar.

Druck und Bindung: Digital Druck AG, Birkach

© 2003 PABST SCIENCE PUBLISHERS, D-49525 Lengerich
http://www.pabst-publishers.de

ISBN 3-89967-064-7

Inhaltsverzeichnis

Vorwort

Der „Sachverständigenrat für die Konzertierte Aktion im Gesundheitswesen" hat in seinem Gutachten 2000/2001 die sozialmedizinische und volkswirtschaftliche Bedeutung der Depression als einer der häufigsten Erkrankungen in der Bevölkerung und in der hausärztlichen Versorgung herausgestellt. Bei Berücksichtigung der Häufigkeit, der Dauer und des Verlaufes sowie der damit verbundenen Beeinträchtigung sowie des Verlustes von Lebensjahren durch vorzeitiges Versterben, z. B. durch Suizid, steht die unipolare Depression an zweiter Stelle nach den kardiovaskulären Krankheiten bezüglich des Ausmaßes an messbarer Behinderung (Indikator YLD „years lived with disability"), so der Sachverständigenrat. 1984 haben wir bereits darauf hingewiesen (Wolfersdorf et al. 1984), dass bei einer schwer kranken Gruppe depressiver Patienten in stationärer psychiatrisch-psychotherapeutischer Behandlung nur ein Drittel an einer ersten depressiven Episode litt, 50% bereits über 12 Wochen depressiv waren und 33% bereits über 1 Jahr an der jetzigen depressiven Episode litten. Wolfgang Kopittke, langjährig als Diplom-Psychologe auf der Depressionsstation des damaligen Landeskrankenhauses Weissenau in Ravensburg (heute ZfP Weissenau, Ravensburg), schrieb 1989 unter dem Titel „Chronische Depression. Krankheit oder Lebensgeschichte?" in seiner Einführung: „Trotz unterschiedlicher Weite bzw. Enge definitorischer Grenzziehungen, die die Schwankungsbreite der Häufigkeitsangaben mit erklären dürfte, ist die zunehmende Relevanz und Brisanz der Chronifizierung depressiver Erkrankung epidemiologisch jedoch eindeutig nachweisbar". Querschnittsanalysen, Follow-up-Studien und katamnestische Untersuchungen nennen Zahlen zwischen 15% bis 40% chronische Verläufe bei depressiven Erkrankungen. „Mag unsere diagnostische Brille auch schärfer geworden sein – .... – bleibt dennoch hervorzuheben, dass wir es mit einer Gruppe von Betroffenen zu tun haben, bei denen unsere herkömmlichen Behandlungsvorstellungen offenbar versagen und es von daher erforderlich ist, unser Hilfsangebot neu zu überdenken". Kopittke (1989) zitiert Weissman und Klerman (1977), welche die Gruppe chronisch Depressiver bezeichnender Weise als „unrecognized and poorly treated" beschrieben hatten. Nimmt man die Aussage von Arolt (1998) in „Public Health" hinzu, dass etwa 60% aller psychischen Störungen bei Erwachsenen einen chronischen Verlauf haben, werden Defizit und fehlendes Wissen im Bereich der psychologisch- und psychiatrisch-psychotherapeutischen Fort- und Weiterbildung einerseits und die dringliche Notwendigkeit, hierfür Behandlungskonzepte jenseits einseitig fach- oder theorie- oder ausbildungsgeleiteter Ansprüche in Richtung komplexer und langfristig angelegter Behandlungsansätze zu entwickeln, deutlich.

Die Behandlung akuter depressiver Erkrankungen ist heute anspruchsvoll, aber sie gelingt. Aber bei jedem depressiv kranken Menschen müssen wir uns bereits Gedanken machen, wie wir Chronifizierung bzw. die nächste depressive Episode verhindern können, so einer der häufigsten Aussprüche eines der Autoren bei Fortbildungsveranstaltungen über depressive Störungen, depressiv kranke Menschen und ihre Behandlung.

Obiges zu betonen, ist den Autoren wichtig, denn das hier vorgelegte Buch wird nicht nur im engeren Sinne psychotherapeutische Überlegungen beinhalten, sondern es wird den komplexen Behandlungsansätzen im Sinne eines bio-psycho-sozialen Verständnisses von depressiver Störung das Wort reden. Gleichzeitig spiegelt sich darin die Jahre lange Erfahrung der Autoren in der stationären, teilstationären und ambulanten psychotherapeutischen Behandlung und Begleitung depressiv kranker Menschen im Zusammenhang mit ihrer Tätigkeit auf der Depressionsstation des ZfP Weissenau bei Ravensburg und im Depressionszentrum bzw. in der Depressionsambulanz der Klinik für Psychiatrie und Psychotherapie des Bezirkskrankenhauses Bayreuth wider. Insofern ist dieses Buch auch kein Lehrbuch oder Therapieleitfaden im üblichen Sinn, sondern es hat den Charakter von Mitteilung eigener Erfahrungen.

Den Herausgebern der Reihe „Therapeutische Praxis", den Kollegen Peter Fiedler und Hans Reinecker, war dies sicher bekannt. Es sei ihnen an dieser Stelle für die Einladung an die Autoren, nachfolgendes Buch zu erstellen, herzlich gedankt.

Wir hoffen, dass unser Buch nicht nur die psychologisch-psychotherapeutische und psychiatrisch-psychotherapeutische Realität abbildet, sondern auch all denen, die in der praktischen psychotherapeutischen Arbeit mit schwer depressiv Kranken zu tun haben, hilfreich für die Behandlung und Begleitung der ihnen anvertrauten Patientinnen und Patienten sein wird.

In der sprachlichen Darstellung wird in diesem Buch meist der Ausdruck „Patient" statt „Klient" benutzt, da dieser in unserem medizinisch orientierten Arbeitsfeld vorherrscht, die Begriffe „Krankheit" und „Störung" werden synonym verwendet. Außerdem konnten auch wir das Problem der doppelten beidgeschlechtlichen Formulierung nicht befriedigend lösen. So sind bei einfacher Nennung stets beide Geschlechter gemeint.

Bayreuth, im Frühjahr 2003

Prof. Dr. med. Manfred Wolfersdorf   *Dipl.-Psych. Andrea Heindl*

1 Einleitung

Unabhängig von der jeweiligen psychotherapeutischen Orientierung und Ausbildung werden psychologische und ärztlich-psychiatrische Psychotherapeuten in ihrer beruflichen Tätigkeit mit depressiv kranken Menschen häufig konfrontiert. Bekannterweise machen diese einen hohen Anteil der Klientel in der Praxis – um 30% – und in den Kliniken für Psychiatrie und Psychotherapie (Fachkrankenhäuser, Abteilungen) bzw. den sog. Psychosomatischen Kliniken (Akutkrankenhäuser, Reha-Kliniken) aus. In den Fachkliniken orientiert sich die Diagnostik und Therapie an der Akuität der Erkrankung, in den Reha-Einrichtungen stehen Aspekte der Arbeits- und Erwerbsfähigkeit im Vordergrund.

Ansprüche an langfristige Verläufe von Behandlung und Begleitung werden dann eher an Nachsorge und Weiterbehandlung gestellt, unabhängig vom jeweiligen Finanzierungsrahmen der im Einzelfall beantragten Richtlinien-Psychotherapie bzw. der Betreuung beim niedergelassenen Psychiater/Nervenarzt mit oder ohne Psychotherapiekompetenz. Vor dem Hintergrund heutigen Wissens um Rezidivierung und Chronifizierung von Depressionen, um die Notwendigkeit langfristiger psychotherapeutischer, psychopharmakologischer und psychosozialer Begleitung und Therapie schwer depressiv kranker Menschen muten angedachte Therapiezahlen und -zeiträume von 20 bis 30 Stunden über ein halbes bis ein Jahr als „Tropfen auf den heißen Stein" bzw., um das fachlich auszudrücken, als Krisenintervention und Notfallpsychiatrie/-psychotherapie an. Gerade die von uns hier diskutierte Gruppe der chronisch Depressiven braucht auch „chronische", das heißt länger als übliche Therapie. Und Therapieziel kann nicht allein Symptomreduktion und Verhaltensänderung sein, sondern muss das Lebensfeld (Beziehung, Arbeit, Wohnen usw.) einbeziehen, sich also an einer Langzeitperspektive orientieren.

Unser Wissen zur „chronischen Depression" und zu „chronisch depressiv kranken Menschen" und deren besonderen Behandlungsaspekten ist unbefriedigend, sowohl was psychosoziale wie auch biologische Aspekte anbelangt. In einem Workshop Januar 2001 haben wir (Wolfersdorf und Heindl 2001) in Zusammenarbeit psychiatrischer und psychologischer Kompetenz versucht, klinisch orientiertes Wissen zur „chronischen Depression" zusammenzutragen. Die Depression gilt heute als diejenige psychische Störung, bei der in den letzten 20 bis 30 Jahren enorme therapeutische Fortschritte erzielt worden sind: Neue Antidepressiva mit einem anderen und besser akzeptablen Nebenwirkungsprofil; nicht-psychopharmakologische biologische Therapieverfahren wie Lichttherapie oder Schlafentzug; spezifische Psychotherapieverfahren für die Behandlung depressiv kranker Menschen, neben modifizierter tiefenpsychologisch fundierter Psychotherapie vor allem kognitive Verhaltenstherapie, Interpersonelle Psychotherapie, aber auch familientherapeutische Ansätze, sodann Angehörigenarbeit und Psychoedukation; soziotherapeutische Ansätze von der Beratung bis zur Sorge um den Arbeitsplatz; körperbezogene Therapieformen als primäre oder adjuvante Behandlungsmethoden aus dem Bereich von Sport- und Bewegungstherapie, Entspannung, Gymnastik, usw.. Definiert man „Heilung" bei einer Depression als Symptomreduktion, Wiedererlangung der Arbeitsfähigkeit, Wiederherstellung von Beziehungsfähigkeit, Veränderung depressionsfördernder Belastungssituationen, Verhaltensweisen und Persönlichkeitsanteilen sowie als Wiedererkrankungs- bzw. Verschlechterungsprophylaxe, so lassen sich die Therapieergebnisse bei der Depression – und hier ist anzufügen, bei der akuten Depression – durchaus sehen und als insgesamt positiv bewerten.

Allerdings, und dies gilt bis heute unverändert, bleibt ein Anteil sogenannter chronischer Depressionen, die sich durch letztlich bis heute nicht genau definierte Kriterien auszeichnen: Zeitdauer, Wiedererkrankungsrate, Schweregrad, Therapieresistenz, Non-Response auf übliche Therapieverfahren, usw. Es gehört zum Alltagswissen im medizinisch-psychosozialen Bereich, dass der größte Teil somatischer und psychischer Erkrankungen Langzeiterkrankungen sind, die einen rezidivierenden bzw. anhaltenden Verlauf nehmen oder zumindest hinsichtlich ihrer Disposition zu erneuter Erkrankung ein Leben lang begleiten. Der Übergang von Krankheit, verbunden mit der Vorstellung von „akut, traumatisch, behandelbar, geheilt und abgeklungen", in „Leiden", verbunden mit Vorstellungen von „chronisch, progredient, ungünstige somatische, psychische und soziale Prognose, lebenseinschränkend, lebensverkürzend" ist häufig verschwommen, nicht oder widersprüchlich für den Betroffenen definiert, jedoch ab dem Zeitpunkt der Bemerkung eines Therapeuten offensichtlich, was nun verbleibe nach Therapie und Rehabilitation, damit müsse man eben leben. Andrews (2001) warnt, es sei kein Grund zum Optimismus, auch wenn viele Depressionen zeitlich befristet zu sein scheinen bzw. auf akute Behandlung sehr gut ansprechen; in der australischen Studie hatten über 75% der Patienten zum Zeitpunkt der Untersuchung nicht das erste Mal eine Depression durchlebt. Andrews (2001) regte an, Depression vor allem als chronisches Leiden zu betrachten und die Behandlungsstrategien darauf auszurichten.

In Lehrbüchern wird gerne das Bild einer depressiven Episode gezeichnet, die beginnt und wieder aufhört, und die nur die „rechte Therapie" oder den „richtigen Therapeuten" brauche. Bleibt ein depressives Zustandsbild ungebessert und wird „chronisch", bedeutet dies häufig eine Tragödie für das Leben von Partner und Familie, Freunden, Verwandten, Arbeitgeber und Kollegen und den Patienten selbst. Die Schwierigkeit, derartige Verläufe akzeptieren zu können und trotzdem nicht in therapeutische Hilflosigkeit und Resignation zu verfallen, ist jedem bekannt, der über Jahre hinaus depressive Menschen allgemeinärztlich, psychiatrisch und psychotherapeutisch betreut. Wie oft ertappt man sich dabei, dass man dem Patienten in seiner depressiven Hoffnungslosigkeit zustimmt, wie oft bejaht man direkt oder indirekt Trennungsfantasien von Partnern und wie häufig beobachtet man bei sich selbst eine innere aggressive Ablehnung des Patienten, die in der eigenen Psychohygiene oder in der Supervision erst wieder zurechtgerückt werden muss, oder auch Gedanken der stillen Koalition bei suizidalem Verhalten. Der chronisch Depressive lässt „mitleiden", die therapeutische Kompetenz wird von ihm in Frage gestellt. Therapie mit chronisch Depressiven im Sinne der psychotherapeutischen Begleitung über Jahre hinweg ist schwierig, denn sie bezieht sich nicht nur auf den Patienten, sondern auch auf Umfeld, Angehörige, Arbeits- und Lebenssituation. Und sie macht den begleitenden Therapeuten (Arzt, Psychologen) zum Mitglied eines Systems anhaltender depressiver Interaktion. Der Therapeut tut gut daran, eine empathische, wohlwollende Distanz einzuhalten, um seine Begleitungs- und Tragfähigkeit zu erhalten.

Nach epidemiologischen Anmerkungen wird eine Begriffsbestimmung von „chronischer Depression" in Abgrenzung zu „therapieresistent" bzw. rezidivierenden depressiven Störungen vorgelegt, danach werden Ätiopathogenesemodelle zur Depression und insbesondere zur chronischen Depression diskutiert, einschließlich Prädiktoren für Chronifizierung; danach folgt der Behandlungsteil.

2 Begriffsbestimmung und Diagnostik von chronischer Depression

Der Begriffsbestimmung einer „chronischen Depression" sind die Kriterien einer „depressiven Störung" überhaupt voranzustellen. Ähnliches gilt für die später zu formulierenden ätiopathogenetischen Modelle sowie für die Verlaufsaspekte bei der Depression, denn die Besonderheiten der „chronischen Depression" sind nur in diesem Kontext ableit- und verstehbar.

2.1 Begriffsbestimmung und Diagnostik einer Depression

Unter einer Depression verstehen wir eine primäre Erkrankung bzw. Störung der Affektivität von Krankheitswert, der „Gestimmtheit" eines Menschen. Eine Depression ist beschreibbar und diagnostizierbar anhand ihrer typischen Symptomatik (depressives Syndrom/"depressive Episode" nach ICD-10), wobei für die Diagnostik und für die Klassifikation ein operationalisiertes Symptommuster sowie dessen Zeitstabilität über mindestens 2 Wochen und bei bestimmten Formen der depressiven Störungen auch ein erkennbares Verlaufsmuster über einen Zeitraum vorgegeben sein müssen (Kriterien einer „depressiven Episode" bzw. einer „anhaltenden depressiven Störung"). Die traditionelle, an einer vermuteten Ätiopathogenese orientierte Einteilung in psychogene (psychoreaktive, neurotische Depression, depressive Entwicklungen), endogene (einmalige oder rezidivierende depressive Phasen, uni- bzw. bipolare affektive Störungen) und somatogene (das heißt organische Depressionen, deren Ursache im Gehirn selbst, symptomatische Depressionen, bei denen eine Depression Folge einer körperlichen Störungen außerhalb des ZNS ist) Depressionen wurde in der ICD-10 durch eine an Schweregrad und Verlaufstypus orientierte Klassifikation depressiver Störungen ersetzt, mit Ausnahme derjenigen depressiven Erkrankungen, die ursächlich mit großer Übereinstimmung einem bestimmten somatogenen Auslöser (z. B. als Nebenwirkung einer Medikation) zuzuordnen sind.

Allen depressiven Störungen gemeinsam ist das Vorliegen eines depressiven Syndroms mit Herabgestimmtheit und Freudlosigkeit sowie Antriebsminderung im Sinne von Interessenverarmung, Hemmung der Initiative und Reduktion der Vitalität bzw. erhöhter Ermüdbarkeit (Arolt 1998) (Tab. 1).

13

Tabelle 1: Depression – wichtige Aspekte

- **depressives Syndrom/typische depressive Episode**
- **primäre bzw. sekundäre depressive Störung**
- **Dauer einer depressiven Episode soll 4 – 6 Monate sein; längere Episoden:**
  - Chronifizierung/Therapieresistenz
  - Dysthymia ($\geq$ 2 Jahre)
- **Verlauf Rezidive bei ca. 50% innerhalb von < 5 Jahren, bei 70 – 90% im Verlauf von 20 – 25 Jahren**
- **Persönlichkeit: depressive Struktur/Persönlichkeitsstörung, Typus melancholicus**
- **Psychogenese/Psychodynamik: tiefenpsychologisch-psychoanalytischer, lerntheoretisch-verhaltenstherapeutischer Ansatz**
- **Ätiologie: biologisch-genetisch, erlernte Attributions- und Copingstile, Live-events, körperliche Erkrankungen, Belastungsfaktoren**

Die wesentliche Symptomatik eines depressiven Syndroms ist in der Tab. 2 zusammengefasst, gefolgt von einer Definition der depressiven Episode für die Diagnostik nach ICD-10 in Tab. 3. Bei der Klassifikation depressiver Störungen (Tab. 4) wird das Klassifikationsprinzip der affektiven Störungen nach ICD-10 deutlich: Verschiedene Schweregrade mit bzw. ohne somatisches Syndrom, mit bzw. ohne psychotische Symptomatik (wahnhafte Depression); dann eine depressive Episode versus rezidivierende depressive Störung versus anhaltende depressive Störungen, hier vor allem „Dysthymia". Bei der bipolaren Störung wird im Grunde nach depressiv oder manisch zum Zeitpunkt der Erkrankung unterschieden, dann nach Schweregraden. Dann depressive Störungen bei körperlicher Grundkrankheit bzw. bei anderer (das heißt nicht-affektiver) psychischer Erkrankung (psychische bzw. somatische Komorbidität).

Insbesondere unter Verlaufsaspekten kommt der Komorbidität heute als Risiko- bzw. Chronifizierungsfaktor eine große Bedeutung zu. Zum Beispiel stellt das Vorhandensein einer Suchterkrankung einen Risikofaktor für Chronifizierung bzw. Rezidivierung einer depressiven Störung dar. Depressive Episoden, die im Rahmen einer anderen primären psychischen bzw. einer körperlichen Erkrankung auftreten, werden auch als sekundäre depressive Störung bezeichnet.

Tabellle 2: Depressives Syndrom – wesentliche Symptomatik

PSYCHISCHE SYMPTOME

Depressive Verstimmung, depressive Herabgestimmtheit, dabei fehlende Auf-
hellbarkeit, eingeschränkte Schwingungsfähigkeit der Stimmung, fehlende Ansprechbarkeit auf psychosozialen Kontakt; Gefühle von Trauer, Weinkrämpfe,
Freudlosigkeit, Nichttraurigseinkönnen, Gefühl der Gefühllosigkeit, der inneren
Erstarrtheit

Globale Ängste, situationsbezogene Ängste, Panikattacken.

Verlust von Interesse, Aufmerksamkeit, Kreativität.

Grübeln mit Gedankenkreisen, Zwangsgedanken, Denkhemmung,
Leeregefühl im Kopf, Entscheidungsunfähigkeit.

Merk- und Konzentrationsstörungen.

Selbstanklage, Vorwürfe gegen andere; Gedanken von Nichtkönnen,
Insuffizienz und Minderwertigkeit, Gedanken von Nichtgewollt-, Nichtgeliebt-,
Nichtgeschätztsein, niemandem etwas wert zu sein, Gedanken von Schuld,
selbstverschuldetem Zurückbleiben hinter Anforderungen, Normen, Versagen;
negative Bewertung der eigenen Person, ihres Wertes für andere und sich, der
eigenen Vergangenheit; fehlende Zukunftsperspektive, Gedanken von
Hoffnungslosigkeit, Hilflosigkeit, von Überflüssig- und Wertlossein; Todes- und
Ruhewünsche, Suizidideen, -pläne, -absichten.
Depressive Denkinhalte als Sorge, zunehmende Einengung, überwertige Ideen,
wahnhafte Ausprägung als Schuld-, Verarmungs-, Untergangs-, Versündigungs-,
nihilistischer Körperwahn; depressive paranoide Beziehungsideen,
Verfolgungsideen, akustische Halluzinationen.

PSYCHOVEGETATIVE SYMPTOME

Reduzierte Vitalität, Kraftlosigkeit, rasche Ermüdbarkeit, fehlende Frische,
vorgealtertes Aussehen;

Leibgefühlsstörungen wie Kopfdruck, Helmgefühl, Engegefühl, Druckgefühle im
Brustkorb, Oberbauch, Schweregefühle; Schlafstörungen wie Einschlaf-, Durch-
schlafstörungen, zerhackter Schlaf, verkürzter Schlaf, morgendliches Früh-
erwachen, fehlendes Frischegefühl, manchmal vermehrtes Schlafbedürfnis.
Appetitverlust, Gewichtsabnahme, chronische Obstipation, selten
Appetitzunahme.

15

Libidoverlust, sexuelle Unlust, Erektionsstörung beim Mann, Zyklusstörungen bis Amenorrhoe bei der Frau, fehlende sexuelle Erregung.

Chronobiologische Auffälligkeiten, z. B. Tagesschwankungen mit Morgentief (von Stimmung und Antrieb) und abendlicher Aufhellung, saisonale Schwankungen, Winterdepression.

PSYCHOMOTORISCHE SYMPTOME

Antriebsstörung, Lustlosigkeit, Interesselosigkeit, keine Initiative. Beschäftigungsdrang, innere und äußere Unruhe, Getriebenheit, psychomotorische Agitiertheit. Bewegungsarmut, Verlangsamung, Hypomimie bis Amimie, Hemmung von Kommunikation, Sprache, Mimik und Gestik, Stupor, psychomotorische Hemmung.

Allen depressiven Störungen gemeinsam ist das typische Kernsyndrom von Herabgestimmtheit, Freud-, Antriebs- sowie Energielosigkeit, verbunden mit depressiven Denkstilen (z. B. dysfunktionale Kognitionen) und interaktionell einem typisch depressiven Verhalten (Rückzug, appellativ, hilfesuchend, Verweigerung).

Dabei besteht nach heute weitgehender Überzeugung ein Zusammenhang zwischen den jeweiligen Risikofaktoren oder „Ursachen" für Depressionen (Wittchen et al. 2000, Arolt 1998, Keller 1997, Ruppe 1996) und der entsprechend „gewordenen Persönlichkeit", wobei biografisch gravierende Störungen der primären Sozialisation, insbesondere frühere Verluste, schwere Beziehungsstörungen, besonders emotionaler Art, für die Entwicklung einer „Disposition zur Depression" eine wichtige Rolle spielen (Elhardt 1981, Eike-Spengler 1977, Reimer 1988, 1996, Riemann 1961, Benedetti 1988, Wolfersdorf 1995, Wolfersdorf und Rupprecht 2001, Schauenburg et al. 1999, Mundt 1996, Harris und Brown 1996, Surtees et al. 1986, u. a.). Wittchen et al. (2000) haben empirisch gesicherte Vulnerabilitäts- und Risikofaktoren zusammengestellt: Weibliches Geschlecht, familiengenetische Faktoren, neurologische Veränderungen im Sinne einer gestörten Signalübertragung zwischen Neuronen, neuroendokrinologische Störungen, Störungen der Schlaf-Wach-Regulation, sodann dysfunktionale Denkstile, vorangehende Angsterkrankungen, Abhängigkeit von psychotropen Substanzen, Vorliegen bestimmter körperlicher Erkrankungen, z. B. chronische Syndrome, sowie das Vorliegen akuter und chronischer psycho-

Tabelle 3: Depressive Episode nach ICD-10

Hauptsymptome (2 – 3 gefordert, Dauer je 2 Wochen)
- gedrückte Stimmung
- Interessenverlust, Freudlosigkeit
- Antriebsminderung

Andere Symptome (2 – 4 Symptome gefordert)
- verminderte Konzentration und Aufmerksamkeit
- vermindertes Selbstwertgefühl und Selbstvertrauen
- Schuldgefühle, Gefühle von Wertlosigkeit
- negative und pessimistische Zukunftsperspektive
- Suizidgedanken, erfolgte Selbstverletzung und Suizidhandlung
- Schlafstörungen
- verminderter Appetit

Somatisches Syndrom
- Interessenverlust, Anhedonie
- mangelnde Reaktivität auf freundliche Umgebung oder freudige Ereignisse
- frühmorgendliches Erwachen (> 2 Std. vor üblicher Zeit)
- Morgentief von Stimmung und Antrieb
- beobachtbare psychomotorische Hemmung oder Agitiertheit
- deutlicher Appetitverlust
- Gewichtsverlust (> 5% des Körpergewichts) im letzten Monat
- deutlicher Libidoverlust

leichte / mittelgradige /schwere depressive Episode, leicht / mittelgradig / mit/ohne somatisches Syndrom, schwer mit/ohne psychotische Symptome

sozialer Stressbelastungs-Faktoren, z. B. Trennungssituationen, Arbeitslosigkeit, Lebenskrisen, Verlusterlebnisse und Einsamkeit. Menschen, die diese Faktoren tragen, weisen ein erhöhtes Risiko für eine depressive Dekompensation beim Auftreten eines Lebensereignisses oder bei einer notwendig werdenden Anpassungsleistung auf. Solche psychodynamisch relevanten „Auslöser" (Tab. 5) haben überwiegend den Charakter von Anpassungsnotwendigkeit, wobei, wie auch von Tellenbach (1976, 1988) bereits mit den Begriffen Remanenz und Includenz benannt, Depressive sich durch ein besonderes Beharrungsvermögen, durch lange Anpassungszeiten und durch eine geringe Fähigkeit, sehr rasch auf Veränderungen zu reagieren, auszeichnen. Diese Problematik zeigt sich z. B. bei der Anpassung an bio-

Tabelle 4: Klassifikation von depressiven Störungen (nach ICD-10, modifiziert)

- **depressive Episode**
  [erste, ohne frühere depressive, manische oder schizophrene Episoden]

- **rezidivierende depressive Störung**
  [mindestens zweite depressive Episode, keine manischen oder
  schizophrenen Episoden bisher]

- **depressive Episode bei früherer manischer bzw. schizophrener Episode**
  [d. h. manisch-depressive (bipolare)
  oder schizoaffektive (z. B. postremissive
  oder schizodepressive) Erkrankung]

- **kurzzeitige depressive Störung**
  [depressive Anpassungs-, Belastungsreaktion, „Krise"]

- **anhaltende depressive Störung**
  [länger als 2 Jahre; Dysthymia, sog. chronische Depression]

- **Organische depressive Störung**
  [somatogene Depression, pharmakogene Depression]

- **Depression postpartum**

logische Veränderung, wobei die sog. postpartale Depression durchaus in diesem Sinne auch als schwierige Anpassung an die entstandene Triade aus der vorherigen Dyade verstehbar ist, und bei psychologischen Veränderungen, denkt man an den „Rentenbankrott" oder die „Pensionärsdepression" im Anschluss an ein altersbedingtes, insbesondere aber ein vorzeitiges Ausscheidenmüssen aus einem auf Leistung und Wert angelegten Arbeitsprozess. Auch Verluste von Partnern, insbesondere wenn der depressiv Kranke sozusagen das Opfer einer Trennungssituation geworden ist, wenn diese zusätzlich mit Kränkung einhergeht, können dann zu langanhaltenden depressiven Störungen führen und mit dem Gefühl, nicht verstanden zu werden, sich nicht anpassen zu können, und dann einer langanhaltenden depressiv-dysphorischen Herabgestimmtheit einhergehen.

Tabelle 5: Psychodynamisch relevante Vorfeldbedingungen/„Auslöser" einer Depression

- **negative Lebensereignisse, chronische Belastungen**

- **Anpassungs- und Veränderungsbedingungen biologischer und psychologischer Art**

- **Entwicklungsbedingungen**
  meist vom Typ Verlust, z. B. Beziehung, Lebenskonzept, Gesundheit u. ä.
  Kränkung, vor allem chronischer Art
  Überforderungssituation
  Veränderungs- und Anpassungszwang

Diese Überlegungen münden ein in Anmerkungen zur „depressiven Persönlichkeit", die einerseits als grüblerisch und klagsam, negativistisch, kritisch und verurteilend, pessimistisch und mit Neigung zu Schuldgefühlen (z. B. Bronisch 1997), andererseits als in gesunden Zeiten sehr tief empfindend, dadurch auch leidend, sehr zu intensiven emotionalen Beziehungen fähig, beschrieben wird. Das Zurückbleiben hinter notwendigen Entwicklungsschritten (Remanenz) und das Eingeschlossensein in vorhandene Bezüge, deren Überstieg schwierig wird (Inkludenz), wie Tellenbach es beschrieben hat, womit der depressiv Kranke natürlich den gestellten Anforderungen immer etwas schuldig bleibt (deswegen auch Schuldgefühle), lässt sich auf der anderen Seite als ein Überangepasstsein in Beziehungen beschreiben, einhergehend mit einer raschen Verletzbarkeit, einem starken Angewiesensein auf Anerkennung, Wertschätzung und Nähe, bei Infragestellung dieser mit Neigung zur Schuldzuweisung an die eigene Person und als eine starke Leistungsorientiertheit mit Abhängigkeit des Selbstwertgefühles von der eigenen Leistungsfähigkeit, von der Attraktivität der eigenen Person für andere, von der erfahrenen Fremdwertschätzung. Dieser Zusammenhang taucht ja in den Ätiopathogenesemodellen der Depression, wie sie heute vorliegen, immer wieder auf und auch in den Vorstellungen über die Entwicklung einer langanhaltenden, einer sog. chronischen depressiven Störung.

Man kann also zusammenfassen, dass für unser heutiges Verständnis (unipolarer) Depressionen aus klinischer Perspektive neben der Symptomatik die Persönlichkeit des depressiv kranken Menschen einschließlich seiner Vulnerabilitäts- und Risikofaktoren sowie Belastungssituationen (Lebensereignisse, Bedrohungen u. ä.) und Anpassungsnotwendigkeiten bedeutsam sind. Daraus ergibt sich zwanglos für das Verständnis einer chronischen Depression, dass sowohl die vulnerable Persönlichkeit – depressive Persönlichkeitsstruktur, Typus Melancholicus – wie auch Belastungsfaktoren und Lebensereignisse eine besondere Rolle spielen können, sofern sie überdauernd, langfristig vorhanden und wirksam sind und die Anpassungsfähigkeit, die Veränderungsfähigkeit der jeweiligen Persönlichkeit aus in ihr liegenden Gründen (z. B. wegen des biologischen Alters) überfordern.

2.2 Chronische Depression: Begriffsbestimmung

In einer Depression sind Patienten in ihrem Selbsterleben, in ihren Beziehungen zur Umwelt, zu sich selbst im körperlichen und psychischen Bereich, zu anderen Personen ihres Umfeldes, zu ihrer Vergangenheit, ihrer Gegenwart und ihrer Zukunftsperspektive deutlich beeinträchtigt. Dies äußert sich in affektiver, kognitiver, psychomotorischer, intentionaler und motivationaler sowie vegetativer Symptomatik. Gemäß Definition einer depressiven Episode nach ICD-10 ist stets eine Zeitdimension bzgl. des Vorhandenseins der sog. Hauptsymptomatik im affektiven Bereich beinhaltet.

„Chronisch" meint nun im Sinne des Wortes, etwas dauert länger als üblich. Das Verständnis von „chronisch" in der Medizin überhaupt ist in Tab. 6 zusammengefasst. In der Medizin sind dabei neben der konstant vorhandenen Symptomatik, unabhängig vom jeweiligen Ausprägungsgrad, auch Aspekte der Ansprechbarkeit auf Therapie (Therapieresponse bzw. -resistenz), der Belastbarkeit im Erwerbsleben bzw. Arbeitsfähigkeit sowie Versorgungsbedürftigkeit durch „chronische Behandlung" beschrieben. Versucht man eine Begriffsbestimmung von Chronizität, stößt man als erstes auf verwirrende Formulierungen: Chronifizierung, „chronisch", Therapieresistenz, Response, Non-Response, Restsymptomatik, Rezidivierung. In der Medizin bezieht sich „chronisch" auf die Dauer eines Beschwerdebildes, Symptome und Beeinträchtigungen der akuten Erkrankung sind länger als üblich vorhanden, anscheinend therapeutisch nur unzureichend beeinflussbar und führen letztlich zu einer langandauernden, Lebensqualität und Lebensvollzug beeinträchtigenden Befindlichkeit sowie zu einer Abhängigkeit vom medizinisch-sozialen System.

Eine „chronische Depression" wäre damit also eine Depression, die länger als die übliche Zeit der sonst als „akut" definierten 4 bis 6 Monate für eine depressive Episode Kernsymptomatik eines depressiven Syndroms im affektiven und Antriebsbereich aufweist. Dabei sind jedoch die in der ICD-

10 angegebenen Zeitkriterien sowohl bzgl. Symptomatik sowie auch des Verlaufes eigentlich willkürlicher Art. Denn bereits in der älteren psychiatrischen Literatur wurden derartige „Residualzustände" (Kraepelin 1913) oder „chronische Melancholien", auch chronisch wahnhafte Melancholien (Martini 1941/zit. nach Wolfersdorf et al. 1990) beschrieben. Eine „langfristig" (chronisch) verlaufende Depression ist also heute nichts Neues, für den klinisch Tätigen auch nichts Seltenes.

Verläufe unipolarer depressiver Störungen aus klinischer Sicht sind in der Tab. 7 zusammengestellt, wobei darauf hingewiesen wird, dass sich obige und auch nachfolgende Ausführungen im Wesentlichen auf die unipolare Depression beziehen. Im Einzelfall wird auch auf Depressionen im Rahmen bipolarer affektiver Störungen Bezug genommen, dies wird dann speziell

Tabelle 6: Was meint „chronisch" in der Medizin?

- **Eine Krankheit/Störung von Krankheitswert dauert länger als „üblich" bei diesem Fall, d. h. die Symptomatik ist in erkennbarem und mit subjektivem Leiden und objektiver Lebenseinschränkung einhergehendem Ausmaß und über einen deutlich längeren, meist lebenslangen Zeitraum vorhanden (Kriterien: Dauer, Ausprägung subjektiven und objektiven Leidens)**

- **Trotz intensiver, adäquater und ausreichender Therapie tritt eine gute oder vollständige Symptombesserung und eine Verbesserung der Lebensqualität sowie der Leistungsfähigkeit nicht ein (Kriterium: Therapieresistenz; aber: chronisch heißt nicht automatisch und synonym therapieresistent)**

- **Erkrankungsepisoden oder -schübe erfolgen so rasch aufeinander, dass sie kaum mehr abgrenzbar sind (Kriterium: starke, häufige Rezidivierung, z. B. Rapid cycling)**

- **Symptomatik wird besser, aber Persönlichkeit verändert sich (Kriterium: reaktive Wesensänderung)**

- **Die akute Krankheit/Symptomatik bessert sich, aber die Belastbarkeit und Stabilität sind nicht mehr wie vorher vorhanden (evtl. Berentungskriterium)**

- **Die Symptombesserung muss durch „chronische Behandlung" aufrecht erhalten werden (Abhängigkeit vom Gesundheits- bzw. Sozialsystem).**

Tabelle 7: Verläufe unipolarer depressiver Störungen/depressiver Episoden nach ICD-10 aus klinischer Sicht

eine Episode
(„ein-episodischer Verlauf", volle typische depressive Episode, Dauer mindestens 2 Wochen)
[z. B. depressive Anpassungs- oder Belastungsreaktion, klassische depressive Episode]

rezidivierende depressive Episoden
(mindestens 2 volle typische Episoden mit je 8 Wochen Symptomfreiheit dazwischen bzw. danach)
[z. B. früher sog. rezidivierende endogene Depression]

Chronische Depression (Dysthymia bzw. depressive Episode, Dauer mindestens 2 Jahre, Symptombesserung kürzer 8 Wochen, „double depression" d.h. Dysthymia mit depressiver Episode)
[z. B. früher sog. neurotische Depression, neurotisch depressive Entwicklung, chronisch endogene, endoneurotische Depression]

angegeben. Zur Beschreibung des Verlaufes unipolarer Depressionen verwendet man heute folgende Begrifflichkeiten: Ein-episodischer Verlauf; rezidivierender Verlauf, d. h. zwei und mehr Episoden; anhaltende depressive Störung im Sinne des chronischen Verlaufes (Dysthymia), chronische Minor und Major Depression/depressive Episode zwei und mehr Jahre Verlauf ohne Remission; Suizid als ungünstigster Ausgang; Remission (partiell, Vollremission), Gesundung (recovery) d. h. mindestens zwei (manchmal gefordert auch sechs) Monate symptomfrei; Rückfall (relapse als Verschlechterung bzw. Rückfall in die alte Episode); recurrence als erneute Erkrankung nach Gesundung (Gesundung mindestens 2 Monate); Rezidive/Rezidivierung als zwei und mehr, durch eine mindestens 2 Monate dauernde Vollremission getrennte Episoden.

Zur Begriffsbestimmung einer „chronifizierten Depression" wurden immer schon sehr unterschiedliche Parameter herangezogen: Verlaufsparameter, Phasendauer, Phasenhäufigkeit, Ausgang einer Episode, Persistenz von psychopathologischer Symptomatik, soziale Konsequenzen, Psychopathologie, Hospitalisationsanzahl und -dauer (Marneros und Deister 1990, Laux 1986).

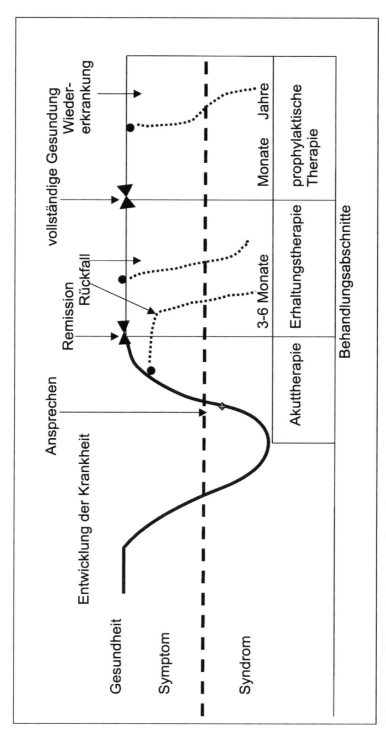

Abbildung 1: Schematische Darstellung des Langzeitverlaufs einer depressiven Erkrankung (nach Kupfer 1991)

So hat Laux (1986) die kumulative Hospitalisationsdauer, sofern sie länger als 1 Jahr beträgt, oder eine Gesamtkrankheitsdauer von mindestens 10 Jahren gefordert; andere haben eine gegenwärtige Episodendauer von mehr als 2 Jahren verlangt. Marneros und Deister (1990) haben 4 Kriterien verwendet, nämlich Dauer der gegenwärtigen Episode mindestens 2 Jahre, im bisherigen Krankheitsverlauf einschließlich Indexepisode mindestens 5 Erkrankungszeiten, eine kumulative Hospitalisationsdauer von einem Jahr und mehr sowie eine Gesamtkrankheitsdauer von mehr als 10 Jahren. Nachdem sie mit den genannten Kriterien in der gleichen Reihenfolge Häufigkeiten von 1%, 33%, 36% und 65% fanden (wobei 25% der Patienten mindestens 3 Kriterien und 39% mindestens 2 erfüllten), entschlossen sie sich, „chronische Depression" als Verläufe mit Symptompersistenz von 3 Jahren zu definieren und fanden unter 106 Patienten mit endogenen Depressionen (affektive Psychosen) 36% mit einer 3 Jahre und länger dauernden Symptompersistenz. Interessanterweise stieg mit zunehmender Dauer der Beobachtungszeit auch die Zahl der Patienten mit Symptompersistenz: in den ersten 5 Jahren 18%, in den ersten 15 Jahren 28%, nach 20 Jahren 32%, nach 35 Jahren 36%. Im DSM-IV ist nach Akiskal (1995) die chronische Depression bei einer Major Depressive Disorder oder bei einer typischen depressiven Episode bei Bipolar I- bzw. II-Erkrankung dann anzunehmen, wenn die typische depressive Episode die vorliegenden Symptome ununterbrochen über mindestens 2 Jahre zeigt. Stefanis und Stefanis (1999) haben in ihrer Übersicht zur Diagnose depressiver Störungen die „Dysthymia" als Sammeltopf für verschiedene depressive Störungsformen beschrieben, denen „chronicity as a common characteristic" gemeinsam sei, die aber ansonsten sehr heterogen wären hinsichtlich des klinischen Bildes, ihrer neurobiologischen Korrelate und der Therapieergebnisse: depressive Neurose, depressive Persönlichkeit, depressive Charakterstruktur, depressives Temperament, auch chronisch depressive Störungen unterhalb der Schwelle zur typischen depressiven Episode wurden zugerechnet; Hauptkriterium ist jeweils die 2-Jahresdauer.

Diese Situation ist letztendlich unbefriedigend, denn Therapiestudien für „Dysthymia", wie sie auch in der ICD-10 definiert ist, wohl wissend dass es sich um einen „bunten Topf" verschiedener Störungen handelt, sind damit nicht mehr aussagefähig.

Unsere Definition einer „chronischen Depression" ist in Tab. 8 formuliert: (Wolfersdorf und Heindl). Wir verwenden dabei also 3 Kriterien, von denen das zentrale die langanhaltende Kernsymptomatik einer depressiven Episode (depressive Herabgestimmtheit, Antriebs- und Vitalstörung) ist, die vom Schweregrad mittelgradig bis schwer ausgeprägt sein muss und die auch

mit einer deutlichen Beeinträchtigung einhergeht, was Arbeits- und Erwerbsfähigkeit anbelangt. Zentral ist aber für die Diagnostik und die Definition einer sog. chronischen Depression das Vorhandensein der Kernsymptomatik über einen definierten Zeitraum von mindestens 2 Jahren.

In der Literatur werden verschiedene Subtypen chronischer Depression
unterschieden. Kocsis (2000) nennt 4 typische Formen einer chronischen
Depression: Dysthymia, double depression, chronische typische depressive
Episode sowie rezidivierende depressive Störungen mit inkompletter Besserung zwischen den Episoden. Eine chronische depressive Episode mit einer
Dauer von über 2 Jahren findet er bei ca. 20% aller Patienten mit einer
akuten depressiven Erkrankung und dieses Zustandsbild ist bei 12% auch
nach 5 Jahren seit Erkrankungsbeginn ungebessert, d. h. „chronisch". 75%
aller Menschen mit einer Dysthymia haben auch einmal eine typische depressive Episode, bei 25% der Menschen mit einer typischen depressiven
Episode finde man auch eine Dysthymie; letztere tritt also selten alleine,
meist mit einer aufgesetzten typischen depressiven Episode im Sinne der
doppelten Depression auf. Unser eigener klinischer Eindruck ist in der Tab.
9 wiedergegeben: eine episodenüberdauernde depressive Kernsymptomatik, die 2 Jahre und länger dauert; der Verbleib von Restsymptomatik nach
Episodenremission, wobei diese nicht der Kernsymptomatik angehört, also
eher im Sinne einer partiellen Response auf Therapie zu verstehen ist (hierzu gehört auch die phasenüberdauernde depressive Wahnsymptomatik,
die – oft auf unzureichende Psychopharmakotherapie – sich nicht ausreichend gebessert hat); sodann eine partielle Symptombesserung mit rascher

Tabelle 8: Was ist eine „chronische" Depression? Versuch einer Begriffsbestimmung

Eine „chronische" Depression ist eine affektive Erkrankung, die

1) **lang anhaltend verläuft, d. h. 2 Jahre und länger ohne deutliche
   Unterbrechung (passagere Symptombesserungen kürzer als 8 Wochen
   erlaubt) (entsprechend Definition der „Dysthymia"),**

2) **als mittelgradig oder schwer ausgeprägte depressive Episode mit
   depressionstypischer affektiver, kognitiver und Antriebssymptomatik
   diagnostizierbar ist (chronische schwere depressive Episode),**

3) **mit deutlicher Leistungseinschränkung und für Alltag und Arbeit
   eingeschränkter Belastbarkeit einhergeht.**

Tabelle 9: Typen „chronischer Depressionen" (unipolar) bzw. depressiv Kranker mit Chronifizierung * klinischer Eindruck

- **episodenüberdauernde Selbstunsicherheit, Zögerlichkeit, andauernder Zweifel, Negativismus, Klagsamkeit, Rigidität**
  [evtl. bereits prädepressiver Persönlichkeitszug oder intradepressiv „erworben"? Eigentlich depressive Persönlichkeitsstörung? Dysthymia?]

- **episodenüberdauernde depressive Herabgestimmtheit, Antriebsreduktion, depressive Kernsymptomatik ≥ 2 Jahre**
  [depressives „Residuum"]

- **Restsymptomatik nach Episodenremission, z. B. Schlafstörung, Anhedonie**

- **phasenüberdauernde depressive Wahnsymptomatik**
  [ohne Besserung der kognitiven Symptome]

- **partielle Symptombesserung mit rascher und wiederholter depressiver Dekompensation bei Anforderung, durchgängig eingeschränkte Belastbarkeit durch innere oder äußere Ereignisse, insbesondere bei Veränderung und geforderter Anpassungsleistung**

Dekompensation innerhalb des 8 Wochen-Besserungskriteriums, um das Ende einer depressiven Episode zu definieren (im Sinne der Verschlechterung bzw. relapse); eine episodenüberdauernde Selbstunsicherheit, Zögerlichkeit in Richtung der depressiven Persönlichkeitsstruktur/-störung, die entweder eine durch die Depression hervorgerufene existentielle Verunsicherung ausdrückt oder eine prämorbid bereits vorhandene Störung aufdeckt. Abb. 2 beschreibt die verschiedenen „chronischen Depressionen" noch einmal aus klinischer Sicht und unterscheidet zwischen der chronischen Depression im Sinne der neurotischen Depression/Dysthymia, der doppelten Depression, der chronischen depressiven Episode, der depressiven Entwicklung (langfristige Belastungsreaktion) und der depressiven Wesensänderung infolge einer längeren posttraumatischen Belastungsstörung.

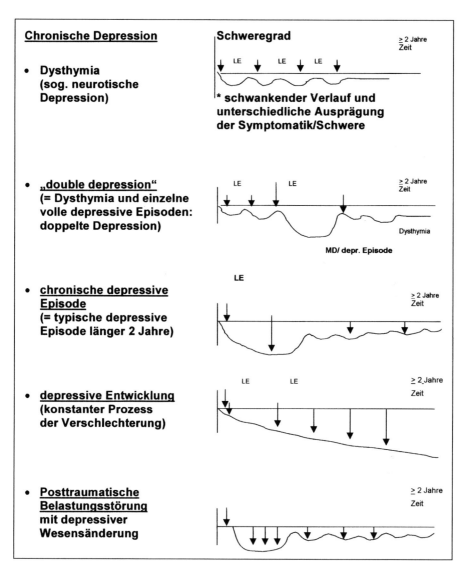

Abbildung 2: Subtypen der „chronischen Depression" aus klinischer Sicht (LE = Lebensereignis)

Damit ist die „chronische Depression" diagnostisch festgelegt als ein depressives Syndrom, eine depressive Episode, die mit der zentralen Kernsymptomatik depressive Herabgestimmtheit, Antriebs- und Vitalstörung mindestens 2 Jahre im Sinne des Zeit- und Symptomkriteriums andauert. Dass sie in dieser Zeit mit einer verringerten Belastbarkeit, mit einer nicht vorhandenen oder stark eingeschränkten Arbeits- und Erwerbsfähigkeit einhergeht, ist sekundäre Folge, die mit der primären Diagnostik nichts zu tun hat. Man könnte es verkürzt und akzentuiert so formulieren: „Chronische Depression heißt 2 Jahre depressiv, sonst nichts".

Differentialdiagnostisch können chronische depressive Episoden bei einer Reihe verschiedener Störungen auftreten, die auch ihren Beitrag zur „Chronifizierung" des depressiven Syndroms liefern. Diese sind differentialdiagnostisch (psychische und/oder somatische Komorbidität) in der Tab. 10 zusammengefasst. Zu Beginn unserer Ausführungen haben wir bereits auf die sekundäre Depression hingewiesen und auf das Phänomen der Komorbidität nach der heutigen Diagnostik ICD-10/DSM-III/-IV. Dabei ist davon auszugehen, dass das Vorliegen einer nicht-affektiven Störung gleichzeitig ein Prädiktor für Chronifizierung ist, so z. B. eine zugrundeliegende schizophrene oder andere nicht-schizophrene wahnhafte Erkrankung, ein Abhängigkeitssyndrom (z. B. eine chronische Alkoholabhängigkeit) oder auch eine dementielle Erkrankung, die zu Beginn mit einer depressiven Symptomatik einhergeht.

Mehrere klinische Beispiele sollen dies kurz erläutern:

Eine 35-jährige Frau wird wegen tiefer Traurigkeit, Verzweiflung und Suizidalität, Grübelzuständen, Schlafstörungen und Gewichtsverlust in die Klinik eingewiesen. Sie weist das volle Bild einer depressiven Episode auf, wobei anamnestisch zu erfahren ist, dass sie seit etwas über einem halben Jahr bereits in hausärztlicher Behandlung wegen dieser depressiven Verstimmung ist. Bei der differenzierten psychopathologischen Erhebung fällt eine nicht korrigierbare Überzeugung, dass die rechte Seite ihres Gesichtes entstellt, dass dies nicht mehr zu korrigieren sei und sie deswegen hässlich aussehe, auf. Dies beeinträchtige ihren Beziehungswert, mindere ihr Wohlbefinden und mache langfristig ihr Leben sinnlos. Es handelt sich um eine typische depressive Episode im Rahmen einer nicht-schizophrenen wahnhaften Erkrankung, einer Dysmorphophobie, einhergehend mit tiefer Verzweiflung und einer gut einfühlbaren Depressivität wegen der erlebten Veränderung. Der somatische Befund ist unauffällig. Die Patientin leidet sehr unter ihrem Befinden, erlebt immer wieder suizidale Krisen, ist arbeits- und erwerbsunfähig, die psychotherapeutische Behandlung mit Einzel- und

Gruppentherapie, tiefenpsychologisch orientiert, fundiert zwar eine gute therapeutische Beziehung, die deswegen sicher auch suizidpräventiv ist, führt jedoch nicht zu einer Veränderung des subjektiven Erlebens der Patientin. Die Psychopharmakotherapie mit Antidepressiva und Neuroleptika wird sehr zurückhaltend wegen hoher Nebenwirkungen und Noncompliance der Patientin durchgeführt; letztendlich resultiert daraus eine Minderung des Leidensdruckes, aber keine Veränderung des Erlebens. Das Krankheitsbild lässt sich nach ICD-10 im Sinne der Komorbidität als 1) chronische Depression unter dem zeitlichen und 2) unter dem Symptomaspekt als anhaltende wahnhafte Störung klassifizieren.

Tabelle 10: Differentialdiagnostik bei „chronischer Depression"

„Chronische" Depression bei

1) primärer affektiver Störung: unipolar, bipolar depressiv, Episode oder lang anhaltende Depression / Dysthymia (F31.x – F 39.X), postpartum Depression (F 53.x),

2) primärer „depressiver" Persönlichkeitsstörung (F 60.8) oder anhaltende depressive Symptomatik bei einer anderen Persönlichkeitsstörung (z. B. F 60.31, F 60.6, F 60.7),

3) andauernder Persönlichkeitsänderung nach Extrembelastung (F 62.0) oder nach psychischer Erkrankung (F 62.1), bei chronischem Schmerzsyndrom (F 62.8) oder anhaltender Trauer (F 62.8)

4) schizoaffektiver bzw. schizodepressiver Störung (F 25.1),

5) postschizophrener Depression (F 20.4)

6) schizophrenem Residuum (F 20.5)

7) anhaltender wahnhafter Störung (F 22.x)

8) Abhängigkeitssyndrom, bei jeder psychotropen Substanz, meist bei gegenwärtiger Abstinenz (F 1x.x),

9) organischer psychischer Störung aufgrund einer Schädigung oder Funktionsstörung des Gehirns oder einer körperlichen Krankheit (F 0x.x)

10) posttraumatischer Belastungsstörung (PTSD) (F43.1)

Eine 56-jährige Frau kommt mit dem Vollbild einer typischen depressiven Herabgestimmtheit, einem gehemmt-ängstlichen depressiven Syndrom, zur stationären Behandlung. In ihrer Symptomschilderung fällt bei der Erhebung von Merk- und Konzentrationsstörungen eine deutliche Zurückhaltung auf. Erst fremdanamnestisch ist zu erfahren, dass die Patientin im letzten halben Jahr nahezu täglich vergisst, den Ofen auszuschalten, Schlüssel verlegt, Informationen vergessen hat, usw. Der Verdacht auf eine Depression und eine beginnende dementielle Erkrankung liegt nahe und bestätigt sich im weiteren Krankheitsverlauf. Die Depression bleibt letztlich ungebessert, psychotherapeutische Intervention führt zu einer guten therapeutischen Beziehung, wobei die Patientin immer „unoffen" wirkt. Psychopharmako-therapie behebt die Schlafstörungen und die Grübelneigung, die Kernsymptomatik bleibt jedoch weiterhin. Die Patientin wird dann nach gut einem halben Jahr stationärer Behandlung auf eigenen Wunsch bzw. Wunsch des Ehepartners nach Hause entlassen, wo sie in einer eigentlich optimal fürsorglichen Situation weiterbetreut wird. 2 Jahre später kommt sie erneut zur stationären Aufnahme, jetzt mit einem vollen dementiellen Bild einer Alzheimer-Demenz; nach Fremdanamnese war die depressive Symptomatik weiterhin erhalten. Diagnose: 1) depressive Episode, mittelgradig, chronisch, 2) Demenz vom Alzheimer-Typ.

Dass depressive Symptomatik im Rahmen körperlicher Erkrankung – früher wurde dies somatogene Depression genannt – verursacht sein kann, ist bekannt. So hat Preskorn (1997) depressive Störungen mit dem Vollbild einer typischen depressiven Episode bei 25% – 38% der Menschen mit soliden Tumoren im Endstadium gefunden, bei 27% – 35% der Patienten mit einem Schlaganfall, bei 5% - 22% der Menschen mit Nierenerkrankungen, bei 35% - 50% Patienten mit chronischen Schmerzen, bei 20% - 30% Epilepsie-Kranken, 30% - 50% Patienten mit einem Morbus Parkinson, bei 20% der Menschen nach einem Herzinfarkt, bei 10% der Diabetes mellitus-Kranken. Körperliche Erkrankungen bzw. psychische Störungen, die mit einer Depression einhergehen können, sind seit langem bekannt, wenn auch wenig in unsere diagnostisch-therapeutischen Überlegungen einbezogen. Die in der Tab. 11 aufgelisteten körperlichen Erkrankungen sind nach heutigem Kenntnisstand in der Lage, mit einer Depression einherzugehen und wegen der Grunderkrankung auch zu chronifizieren (Fava 1992, Wolfersdorf 1997).

Somatische und psychische Komorbidität, d. h. depressive Episoden, die im Rahmen einer zugrundeliegenden körperlichen oder einer anderen, nicht-depressiven bzw. nicht-affektiven psychischen Störung auftreten, sind immer auch Faktoren, die chronische Verläufe von nicht-chronischen trennen und auch Prädiktoren für eine Chronifizierung, d. h. einen langfristigen Krankheitsverlauf darstellen können. Diese Faktoren können in der akuten Depression auch eine sog. Therapieresistenz, d. h. ein unzureichendes Ansprechen auf die aktuell verwendete Behandlungsmethode begründen.

Differentialdiagnostisch ist also die „chronische Depression" noch von einer „therapieresistenten Depression" abzutrennen (Tab. 12). Therapieresistenz bedeutet Nicht-Ansprechen in der Indexepisode auf eine definierte Therapie, die entsprechend den jeweiligen Behandlungsempfehlungen durchgeführt worden ist. Der Begriff der Therapieresistenz ist auf die jeweilige Behandlungsepisode und auf die jeweilige Therapiemethode beschränkt, unabhängig davon, ob es sich nun um eine antidepressive Medikation oder um Psychotherapie oder eine andere Intervention handelt. Im Bereich der Psychopharmakotherapie ist „Therapieresistenz" definiert als Ausbleiben einer mindestens 50%igen oder größeren Symptomremission nach Gabe zweier chemisch verschiedener, z. B. noradrenerger oder serotonerger Antidepressiva, nacheinander in ausreichender Dosierung. Neuer-

Tabelle 11: Erkrankungen und Medikamente, die eindeutig mit einer symptomatischen bzw. organischen depressiven Störung einhergehen können (F00-F09 nach ICD-10) (Wolfersdorf 1997)

Morbus Cushing, Morbus Addison, Hypothyreoidismus, Thyreotoxicose, Hyperparathyreoidismus

Morbus Parkinson, Parkinson-Syndrom, Encephalomyelitis disseminata, Epilepsien, cerebrovaskuläre Erkrankungen, Demenzen, cerebrale Tumoren, Schädelhirntrauma
Morbus Huntington

Viruserkrankungen (Hepatitis, Mononucleose, Grippe, Encephalitis u. ä.)
Systemischer Lupus erythematodes
Folsäure-Mangel, perniziöse Anämie
Karzinom der Bauchspeicheldrüse, der Lunge
AIDS

Reserpin, Methyldopa, Propranolol, Levodopa, Steroidhormone, orale Kontrazeptiva
Sulfonamide, Cycloserine, Zytostatika (Vinblastin, Azathioprin u. a.), Fenfluramin, Cimetidin
Metoclopramid, Gyrasehemmer
Alkohol, Neuroleptika, Benzodiazepine u. a.

dings wird auch ein ausreichender Serumspiegel (drug-monitoring) gefordert, um Unterdosierungen im Zusammenhang mit sehr rascher Metabolisierung des Antidepressivums in der Leber und damit fehlender Symptomremission bei üblicher oraler Dosierung auszuschließen. In solchen Fällen wäre die Konsequenz dann eine ausreichend hohe Dosierung in Abhängigkeit vom Serumspiegel, um einen unteren Schwellenwert für eine mögliche Wirksamkeit überhaupt erst zu erreichen. Im Rahmen der Psychotherapie wäre „Therapieresistenz" im Zusammenhang mit falscher Psychotherapiemethode, unzureichender Kompetenz von therapeutischer Seite, zu geringer Frequenz der Einzelsitzungen, Durchführung z. B. von Gruppenpsychotherapie bei eigentlich notwendiger Einzelpsychotherapie, Durchführung von Entspannungsmethoden bei eigentlich aktivierendem Ansatz, Unterlassen der Einbeziehung von Angehörigen bei notwendiger gemeinsamer Therapieplanung u. ä. zu diskutieren. Natürlich ist „Therapieresistenz" bei der Psychopharmakotherapie einfacher zu definieren und zu beobachten. Ob ein entsprechender Therapeut für einen bestimmten Patienten der/die „geeignete" ist, ist dagegen schwierig zu diskutieren und wird häufig auch zum Thema des Patienten/der Patientin gemacht, weniger zum Thema des Therapeuten. Wir selber haben z. B. auf die Schwierigkeiten in der Behandlung alter depressiv kranker Menschen durch einen jüngeren Therapeuten und auf die daraus sich ergebende mögliche interaktionelle Problematik hingewiesen. Manchmal kann das Geschlecht oder das Alter des Therapeuten verantwortlich für eine sog. Therapieresistenz, d. h. eine fehlende Veränderung durch bzw. trotz methodisch guter Psychotherapie sein. Letztlich kann sich auch „Therapieresistenz" aus Umweltfaktoren des Patienten ergeben, sei es aus einer überfürsorglichen Beziehung heraus, die eine Entwicklung des Patienten in Autonomie und Selbstständigkeit wegen Trennungsängsten auf Partnerseite nicht zulässt, sei es dass die sozialen Rahmenbedingungen die therapeutische Entwicklung völlig überrollen, z. B. die Entlassung eines Patienten, die Arbeitslosigkeit oder die Trennung des Partners, sei es das Auftreten einer körperlichen Erkrankung, die z. B. eine zusätzliche Pharmakotherapie und eine Verschiebung in den somatischen Bereich verlangt.

Dazu eine Fallvignette:

Eine 49-jährige Lehrerin, übergewichtig, wegen einer Adipositas per magna seit Jahren in ambulanter psychotherapeutischer Behandlung, erlitt Herzrhythmusstörungen und war dadurch nicht mehr in der Lage, ihre berufliche Tätigkeit als Lehrerin auszuüben. Dies führte zu einer tiefen Sinnkrise mit der Ausbildung einer vollen depressiven Episode, die zusätzlich eine

Tabelle 12: Therapieresistenz bei der Depression

1) Definition von Therapieresistenz
Therapieresistenz auf Antidepressiva =
- ausbleibende bzw. unzureichende Symptombesserung einer depressiven Episode nach zwei zeitlich ausreichenden (jeweils 3 – 4 Wochen) Antidepressiva-Therapien in oral therapeutischer Dosis mit Serumspiegel über Schwellenwert Serumspiegelbestimmung, bei gesicherter Compliance und wechselndem Transmitterschwerpunkt pharmakologisch.

2) Therapieresistente Depression
- *oft „Pseudoresistenz"* (ca. 40 – 50% aller sog. Therapieresistenten) wegen
  1. Behandlung zu kurz, AD zu niedrig, keine Psychotherapie, insgesamt Unterbehandlung
  2. wegen Komorbidität (somatisch, psychiatrisch)
- *echte Therapieresistenz bei dann chronischer Depression* d. h. keine ausreichende Symptombesserung, keine Wiedererlangung der vollen Leistungsfähigkeit

psychiatrische Psychopharmakotherapie und eine Intensivierung der ambulanten psychologischen Psychotherapie nötig machte. In der kurzfristigen Vorgeschichte war die Mutter der Patientin verstorben, während der Therapie verstarb nun die jüngere Schwester der Patientin, was zu Schuldgefühlen, zur erneuten depressiven Symptomatik führte. Letztlich war die Patientin dann über Monate hinweg nicht mehr arbeitsfähig und wurde, etwas kurzschlüssig entschieden, von Arbeitgeberseite in den vorzeitigen Ruhestand versetzt. Weder die fachgerechte Psychopharmakotherapie noch die weitergeführte und seit Jahren schon laufende ambulante Psychotherapie wegen Essstörung und dann auch wegen der Depressivität erreichten irgend eine Symptomverbesserung des depressiven Syndroms; auch eine stationäre Behandlung in einer psychosomatischen Klinik blieb ohne Therapieergebnis. Hier waren die äußeren Faktoren körperlicher Art, dann die der Familie so stark, dass sie ein depressives Bild nicht nur aufrecht erhielten, sondern weiterhin verstärkten.

Eine 27-jährige Patientin, die etwa 1 Jahr vor stationärer Aufnahme geheiratet hat, wurde im Zusammenhang mit ihrem Arbeitsplatzverlust als kaufmännische Angestellte in leitender Funktion tief depressiv. Es ging um Selbstwertproblematik, Selbstbild bei einer leistungsorientierten Patientin, die es vor dem Hintergrund einer vermögenden Situation gewohnt war, ihr

Leben aktiv und auch attraktiv und mit Genussfähigkeit zu gestalten. Nach über einem Jahr bereits durchgehender depressiver Herabgestimmtheit mit ambulanter Therapie wurde die Patientin stationär aufgenommen; die Behandlung dauerte über ein weiteres Jahr und war wegen der plötzlich angekündigten Scheidungsabsicht des Ehemannes mit erneuter Verschlechterung bis hin zu Suizidalität verbunden. Nach überstandener Trennung, die Patientin war in der Zwischenzeit 2 ½ Jahre depressiv krank und davon über 1 Jahr in stationärer Behandlung, kam es dann plötzlich unter einer noch einmal durchgeführten antidepressiven Infusionstherapie mit einem klassischen trizyklischen Antidepressivum zu einer hypomanischen Dekompensation, die den Verdacht auf eine chronische Depression im Rahmen einer bipolaren affektiven Störung nahe legte. (Bipolar-II?)

Erfahrungsgemäß ist „Therapieresistenz" oft keine echte Resistenz, sondern in Zusammenhang mit unzureichender Dosierung, unzureichend langer Dauer der antidepressiven Medikation, nicht passender bzw. fehlender psychotherapeutisch-psychosozialer Intervention, fehlender Einbeziehung des Umfeldes, fehlender Diagnostik und Einbeziehung von anderen sozialen oder auch körperlichen Faktoren, die das depressive Krankheitsbild aufrechterhalten können, zu sehen.

Auch hierzu eine Fallvignette:

Ein 62-jähriger Patient, vor über 10 Jahren bereits einmal wegen einer depressiven Episode in stationärer psychiatrisch-psychotherapeutischer Behandlung, gab sein erfolgreiches Geschäft auf eigenen Wunsch sowie auf Betreiben der Ehefrau auf, um sich, da vermögend, dem Lebensabend mit Reisen und Geselligkeit zu widmen. Wenige Tage nach Überschreibung des Betriebes entwickelte er ein schweres depressives Bild einer wahnhaften Depression mit Ideen von Verarmung, Schuldgefühlen und Suizidalität. Dies führte zur stationären Notaufnahme. Die wahnhafte Symptomatik klang unter Antidepressiva und neuroleptischer Therapie rasch ab. Danach kam es, trotz Wechsels von Antidepressiva und Neuroleptika nach fachgerechter Weise und anfänglich hochfrequenter, später niederfrequenter tiefenpsychologisch fundierter Psychotherapie, auch unter Einbeziehung des Ehepartners, über nahezu 3 Jahre zu keiner Symptomremission größeren Ausmaßes. Es lagen ausreichende Serumblutspiegel der Antidepressiva vor, der Patient war einnahmezuverlässig. Was dann nach 3 Jahren letztendlich eine Besserung der Symptomatik brachte, ist unklar. Ob es ein Urlaub in der Karibik war, ein Geschäftseinbruch in der ehemaligen Firma, was der Patient nachträglich narzisstisch verarbeitete, die Trennungsideen der Ehefrau, vielleicht auch der Effekt zuletzt konstanter Psychopharmakotherapie, ist offen.

2.3 Chronische Depression: Das klinische Bild

In der Literatur gibt es einige Beschreibungen von „chronischen" Ausgangsformen depressiver Störungen. Eine Übersicht hierzu ist in Tab. 13 zusammengestellt (Literatur siehe bei Wolfersdorf und Kopittke 1990).

So hat Stransky (1911) neben der Remission drei Formen des Ausganges einer depressiven Episode beschrieben: 1) eine stärkere Markierung der physisch-nervösen Charakterzüge (Stimmungsschwankungen, Reizbarkeit, Launenhaftigkeit, Unberechenbarkeit, Diffuserwerden des Denkens und Strebens), 2) eine Stumpfheit und Verarmung in affektiver und geistiger Beziehung bis zur psychischen Invaliditätsgrenze, und 3) eine Mattigkeit im Affekt und Willen, fehlende Initiative und Spontaneität. Dabei unterschied er zwischen persistierenden zyklothymen Phasen und uncharakteristischen Restsymptomen, zu denen er die letzteren drei (von 3) zählte.

Tabelle 13: Verschiedene Formen des Ausganges einer depressiven Episode („short – term outcome") – ausgewählte Beschreibungen aus der älteren und neueren Literatur (zit. nach Wolfersdorf und Kopittke 1990)

AUTOREN	BESCHREIBUNG
Stransky (1911)	neben der Remission 3 Formen des Ausganges: 1) stärkere Markierung der psychisch-nervösen Charakterzüge (Stimmungsschwankungen, Reizbarkeit, Launenhaftigkeit, Unberechenbarkeit, Diffuserwerden des Denkens und Strebens 2) Stumpfheit, Verarmung in affektiver und geistiger Beziehung bis zur psychischen Invaliditätsgrenze 3) Dauernder Defekt mit Mattigkeit im Affekt und Willen, fehlender Initiative und Spontaneität. Unterscheidung: persistierende zyklothyme Phasen und genannte (1, 2, 3) uncharakteristische Restsyndrome
Kraepelin (1913)	manisch-depressive Residualzustände: „innere Leere und Teilnahmslosigkeit"; reizbar oder schwankende Stimmung, stumpf, gleichgültig, willenlos
Martini (1941)	chronische Melancholien: besonders langer Verlauf, nie „Verblödung"; chronisch wahnhafte Melancholie, bleibt unheilbar

AUTOREN	BESCHREIBUNG
Weitbrecht (1961)	bei zyklothymen Phasen mitunter Residuen mit „merklicher Einbuße an vitalem Schwung" und unbekümmertem „Sichfreuenkönnen"
Schwarz (1966)	3 Typen: 1) einfache chronische Depression: unzureichendes Abklingen der Phase mit Stimmungsschwankungen 2) chronisch-rezidivierende Depression mit zunehmend kurzen Intervallen 3) chronisch-progredient: Beginn subdepressiv in der Jugend mit Phasen im Alter oder später Beginn mit Symptomverstärkung sowie Angst, Unruhe und Wahn
Weitbrecht (1967)	„chronische Depression": chronisch werdende endogen-depressive Zustände (chronischer Krankheitsprozess oder Residualzustand im Sinne von Defektheilung): Fehlen von Schwung, Initiative, Entschlusskraft, Verhaftetsein an Gewohnheiten; selten spontan frohe Gestimmtheit, Verunsicherung, Vertrauensschwund gegenüber natürlicher seelischer Gesundheit. Ursachen: sekundäre Neurosenbildung, Neurose durch Vitaldepression in Gang gekommen, Verunsicherung durch die Psychose mit notwendiger Zeit der Wiedergewinnung einer angstfreien Haltung
Glatzel und Lungershausen (1968)	zyklothyme Residualsyndrome: Störung im Bereich des Antriebes und vor allem der Affekte (verminderte Leistungsfähigkeit, rasch erschöpfbar, lahm-schwunglos, gleichgültiger, uninteressierter, entschlussloser; Abflachung der emotionalen Schwingungsbreite, freudlos-nörglerische Verstimmtheit)
Arnold (1969)	Abwandlung depressiver Verläufe

AUTOREN	BESCHREIBUNG
Huber et al. (1969)	zyklothyme Residualsyndrome als Syndrom-verschiebung endoformer Psychosen in Richtung mehr oder minder uncharakteristischer Basis- und Defekt-syndrome: erlebte Beeinträchtigung in Antriebsphäre und Emotionalität (Einbußen an Schwung und Entschlusskraft, Initiative, Vitalität und Ausdauer; Wandel der Gestimmtheiten und affektiver Reagibilität, Minderung der nuancierten Modulations- und Resonanzfähigkeit; Inklination zum Versagen)
Lauter (1969)	phasenüberdauernde Persönlichkeitsveränderungen als Versuch des Patienten, die durch die Krankheit einge-tretene Abwandlung des Selbst- und Weltverhältnisses zu bewältigen; persistierende Symptome
Petrilowitsch1969)	Insuffizienzsyndrome nach Abklingen der depressiven Phase mit Residualsymptomen und besonderer Anfälligkeit für reaktive Einflüsse
Guensberger und Fleischer (1972)	Chronifizierung als Prozess, nicht prinzipiell irreversibel oder unheilbar; atypischer Verlauf: 1) Phasen mit Residuum im Intervall (depressive Färbung der Persönlichkeit, diskrete subjektive Beschwerden, „nicht mehr so wie früher") 2) instabiler Verlauf mit kurzen und unvollständigen Intervallen und ausgeprägten psychosomatischen prodromalen Symptomen 3) stabiler Verlauf, meist eine Phase mit schrittweiser Vertiefung der Depression 4) sog. Labilisierung mit subdepressiven und hypomanen Zuständen (nur bei bipolaren Verläufen) Symptomatologische Veränderungen 1) Erstarrung und Verarmung der Symptomatik, Klagen stereotyp, wenig intensive emotionale Reagibilität 2) mitigierte Depression (Stimmung im Hintergrund), Insuffizienzerlebnisse, vegetative Symptome, Angst 3) Veränderung der Persönlichkeit: Einengung von Aktions- und Interessenfeld, allgemeine Reduktion

AUTOREN	BESCHREIBUNG
Hole (1983)	„endo-neurotische Depression" als mehrschichtige Depression mit phasenüberdauernden neurotischen Persönlichkeitszügen (Typus melancholicus, erlernte Hilflosigkeit, Schuldgefühle etc.), dadurch endothyme Labilisierung mit erhöhter Schwankungsbereitschaft
Akiskal (1983)	unterscheidet 3 Hauptformen: 1) „primary depression with residual chronicity": late-onset (Involutionsalter), endogenomorphes Bild; erhöhte Passivität, Abhängigkeit, Resignation, Pessimismus, Unglücklichsein 2) „Chronic secondary dysphoria": Dysphorie, oft als sekundäre Depression bei nicht-affektiven psychischen und somatischen Erkrankungen 3) „Characterologic depressions": schwankender Verlauf seit Kindheit und Jugend, superimponierte MDE, Medikamenten- und Alkoholmissbrauch, Erkrankung der Eltern, unter-schiedliche Persönlichkeitszüge (abhängig, hysterisch, antisozial, schizoid)
Cassano et al. (1983)	zwischen „full recovery and chronicity" findet man „residual symptoms" mit Gefahr des Übergangs in „depressive defect", „social maladjustment", „symptomatic chronicity" mit reduzierter emotionaler Schwingungsfähigkeit, dominierenden neurotischen Persönlichkeitszügen, chronischen somatischen Klagen (mögliche Schwerpunkte): Characterologic depressives, chronic primary depressives; postdepressive Persönlichkeit
Wolfersdorf et al. (1987)	chronische wahnhafte Depression: erhaltene Schuldproblematik, ausgeprägte Kommunikationsstörung, soziale Verhaltensstörung („dissoziales Verhalten") bzw. regressives Syndrom mit Antriebsstörung, Rückzug bei Wahnfreiheit sowie Mischbilder

AUTOREN	BESCHREIBUNG
Krüger et al. (1988)	Chronifizierung ist selten, bei sog. therapie-resistenten Depressionen liegen oft psychoreaktive und neuroserelevante psychogenetische Aspekte vor, die berücksichtigt werden müssen

Kraepelin (1913) hatte von manisch-depressiven „Residualzuständen" gesprochen, die durch innere Leere und Teilnahmslosigkeit gekennzeichnet seien. Die Stimmung dabei sei reizbar oder schwankend, stumpf, gleichgültig oder willenlos. Reichardt (1923) schrieb in seinem „Lehrbuch der Psychiatrie", die Dauer der „endogenen Depression und der Melancholie" sei unberechenbar. Manchmal zögen sich „anscheinend leichte Depressionen über ein Jahr oder sogar mehrere Jahre" hinweg, eine stärker ausgeprägte Melancholie dauere „meist nicht unter 9 Monaten, gewöhnlich gegen 1 Jahr" und es seien auch „zwei-, drei- und mehrjährige Melancholien keine Seltenheit". „Chronische Melancholien" und vor allem „chronisch wahnhafte Melancholien" hat Martini (1941) beschrieben, wobei letztere unheilbar blieben, erstere seien durch einen besonders langen Verlauf gekennzeichnet, würden jedoch nie in „Verblödung" einmünden. Neuere Beschreibungen stammen u. a. von Weitbrecht (1961), der von „Residuen" mit „merklicher Einbuße an vitalem Schwung" bzw. von „chronischer Depression" sprach, was er als chronischen Krankheitsprozess oder als Residualzustand im Sinne von Defektheilung verstand. Als Symptomatik beschrieb er Fehlen von Schwung, Initiative und Entschlusskraft, Verharren in Gewohnheiten, selten auftretend spontan frohe Gestimmtheit, dann Verunsicherung und Vertrauensschwund gegenüber natürlicher seelischer Gesundheit. Glatzel und Lungershausen (1968) oder auch Huber et al. (1969) sprachen von zyklothymen Residualsyndromen, wobei Lauter (1969) die „phasenüberdauernde Persönlichkeitsveränderung" als Versuch des Patienten verstand, die durch die Krankheit eingetretene Abwandlung des Selbst- und Weltverständnisses zu bewältigen. Petrilowitsch (1969) beschrieb ein „Insuffizienzsyndrom" nach Abklingen der depressiven Phase mit Residualsymptomen und besonderer Anfälligkeit für reaktive Einflüsse und deutete damit bereits ein therapeutisches Problem an, nämlich die rasche erneute Exazerbation depressiver Symptomatik beim Auftreten von Lebensereignissen und -belastungen. Guenzberger und Fleischer (1972) sahen „Chronifizierung" als Prozess, der nicht prinzipiell irreversibel oder unheilbar sei und unterschieden 1) Phasen mit Residuum im Intervall (depressive Färbung der

Persönlichkeit, diskrete subjektive Beschwerden, „nicht mehr so wie früher"), 2) einen instabilen Verlauf mit kurzen und unvollständigen Intervallen und ausgeprägten psychosomatischen prodromalen Symptomen, 3) einen stabilen Verlauf, meist eine Phase mit schrittweiser Vertiefung der Depression, und 4) eine sog. Labilisierung mit subdepressiven und hypomanen Zuständen, was jedoch nur bei bipolaren Verläufen beobachtbar sei. Symptomatologisch beschrieben sind Chronifizierung als Erstarrung und Verarmung der Symptomatik, stereotype Klagsamkeit, wenig intensive emotionale Reagibilität, dann eine sog. mitigierte Depression mit der Stimmungsstörung im Hintergrund, wobei Insuffizienzerleben, vegetative Symptomatik, eine allgemeine Reduktion des Antriebes sowie Angst dominieren und letztlich zur Veränderung der Persönlichkeit mit Einengung von Aktions- und Interessenfeld führen.

Akiskal (1983) unterschied 3 Hauptformen chronischer Verläufe, nämlich 1) eine „primary depression with residual chronicity", die ein endogenomorphes Bild aufweise und mit erhöhter Passivität, mit Abhängigkeit, Resignation, Pessimismus und Unglücklichsein einhergehe, 2) eine „chronic secondary dysphoria", oft als sekundäre Depression und Dysphorie bei nicht-affektiven psychischen und somatischen Erkrankungen ebenfalls beobachtbar, und 3) eine „characterologic depression", die durch einen schwankenden Verlauf seit Kindheit und Jugend gekennzeichnet sei, manchmal mit typischen depressiven Episoden einhergehe, mit Medikamenten-, Drogen- und Alkoholmissbrauch, psychischer Erkrankung der Eltern und unterschiedlichen Persönlichkeitszügen, z. B. selbstunsicher, abhängig, hysterisch, antisozial oder schizoid (auch als „affective spectrum disease" bezeichnete). Cassano et al. (1983) unterschied ebenfalls „full recovery and chronicity", wobei er residuale Symptome mit der Gefahr des Überganges in einen „depression defect", soziale Fehlanpassung sowie symptomatische Chronizität mit emotionaler Schwingungsfähigkeit, dominierenden neurotischen Persönlichkeiten und chronischen somatischen Klagen beschrieb und auch eine „characterologic depression" bzw. „chronic primary depressive" im Sinne der depressiven Persönlichkeitsstörung und der postdepressiven Persönlichkeitsveränderungen beobachtete.

Wolfersdorf et al. (1987) beschrieben die „chronische wahnhafte Depression" mit erhaltener Schuldwahnsymptomatik, ausgeprägter Kommunikationsstörung und sozialer Beziehungsstörung, d. h. das seltene Bild der Depression mit aufrechterhaltenen Wahninhalten, sowie ein regressives Syndrom nach Abklingen der Wahnsymptomatik mit Antriebsstörung, Rückzug und veränderter Persönlichkeit.

Im Rahmen eines Vergleiches von gebesserten versus ungebesserten depressiven Patienten fanden Wolfersdorf et al. (1983) in der Gruppe der ungebesserten signifikant häufiger Furcht vor Alleinsein und Verlassenwerden, Alkohol- und Medikamentenmissbrauch einschließlich Alkoholabhängigkeit sowie Persönlichkeitsstörungen, andere neurotische Störungen, hirnorganische Psychosyndrome als psychiatrische und auch signifikant häufiger somatische Komorbidität sowie eine höhere Anzahl vorzeitiger Berentungen und eingeschränkter Arbeitsfähigkeit.

Ruppe (1996) beschrieb bei ihrem Vergleich symptomfreier, rezidivierender und chronischer Verläufe über 6 Jahre hinweg die Gruppe der chronisch Depressiven mit einer tendenziell ausgeprägteren Neigung zu mehr Angstzuständen, auch nach 6 Jahren höheren Werten in der Hamilton Depressionsskala und in der Selbstbeurteilungsskala nach Beck, während die subjektiv erlebte Beeinträchtigung durch somatische und allgemeine Beschwerden sowie andere Diagnosen und Syndrome zwischen den Gruppen nicht unterschied. Die Häufigkeit psychotischen Erlebens war über alle 3 Gruppen gleich verteilt; die beiden Gruppen mit ungünstigem Verlauf, nämlich chronische bzw. rezidivierende Depressionen, zeigten aber ein signifikant höheres Risiko für Suizidversuche.

Vor kurzem hat Mojtabai (2001) zeigen können, dass ehemals depressive Patienten, die eine depressive Episode erlitten und gut überstanden hatten, sogar mehr als ein Jahr danach Symptomatik aufwiesen. Ähnlich fanden in der ECA-Studie Broadhead et al. (1990) bei 38% der ehemals depressiv kranken Menschen auch ein Jahr später subsyndromale Symptomatik. Vor diesem Hintergrund hatten Judd und Akiskal (2000) vor kurzem den natürlichen Verlauf typischer Depressionen, in der Allgemeinbevölkerung ebenso wie in behandelnden Gruppen, als „shifting levels of depressive symptom severity with tendency for intermittent chronicity" bezeichnet.

Nach Angst (1995) ist der Outcome affektiver Erkrankungen hochgradig individuell und variiert zwischen kompletter Gesundung, Residualsymptomatik und schwerer Chronizität. Die möglichen Verlaufstypen bei der unipolaren Depression nach DSM-IV (Akiskal 1995) sind in Abb. 2 einschließlich der dort angegebenen Häufigkeiten dargestellt. Im deutschsprachigen Bereich hat Laux (1986) eine Verlaufstypologie unipolarer Depressionen vorgestellt und bei 18% ein depressives Residuum, bei 12% eine „doppelte Depression" und bei weiteren 16% eine sekundäre Dysthymie beobachtet (Abb. 3). Hierher gehört auch das früher durchaus anerkannte Krankheitsbild der „Erschöpfungsdepression", die bereits definitionsgemäß als depressive Entwicklung über Jahre hinweg sich über ein psychosomatisches Stadium hin zu einer klassischen depressiven Episode entwickelt. Hier ist das Zusammenwirken von Ereignissen, von körperlicher Störung, von psychischer Störung dann im engeren Sinne und von Persönlichkeit besonders deutlich (Abb. 4).

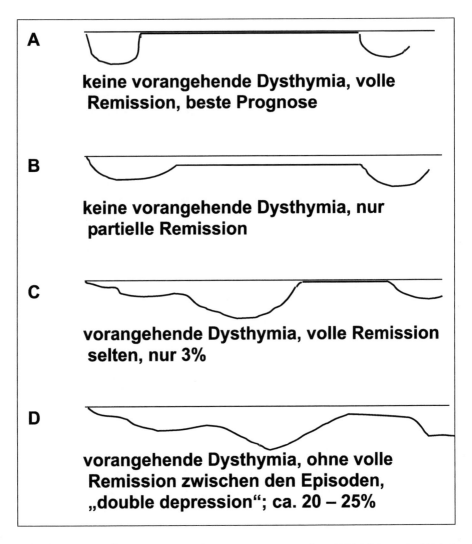

Abbildung 3: Verlaufstypen unipolarer Depressionen (aus DSM IV, nach Akiskal 1995)

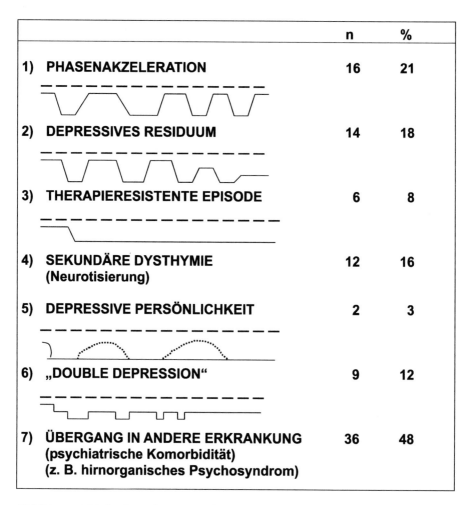

	n	%
1) PHASENAKZELERATION	16	21
2) DEPRESSIVES RESIDUUM	14	18
3) THERAPIERESISTENTE EPISODE	6	8
4) SEKUNDÄRE DYSTHYMIE (Neurotisierung)	12	16
5) DEPRESSIVE PERSÖNLICHKEIT	2	3
6) „DOUBLE DEPRESSION"	9	12
7) ÜBERGANG IN ANDERE ERKRANKUNG (psychiatrische Komorbidität) (z. B. hirnorganisches Psychosyndrom)	36	48

Abbildung 4: Verlaufstypologie unipolarer Depressionen in einer klinischen Gruppe chronisch Depressiver (n = 76) (Laux 1986)

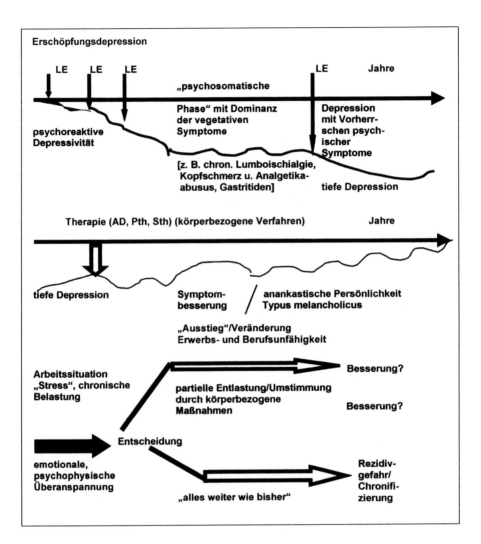

Abbildung 5: Verlauf und mögliche Therapieziele bei „Erschöpfungsdepression"
[Beispiel Arbeitssituation]

Vor dem Hintergrund unserer eigenen klinischen Erfahrungen und Beschäftigung mit der Thematik haben wir 4 Gruppen von chronischen Depressionsformen (Tab. 14) unterschieden:

Tabelle 14: Chronifizierung von Depression – klinische Verläufe

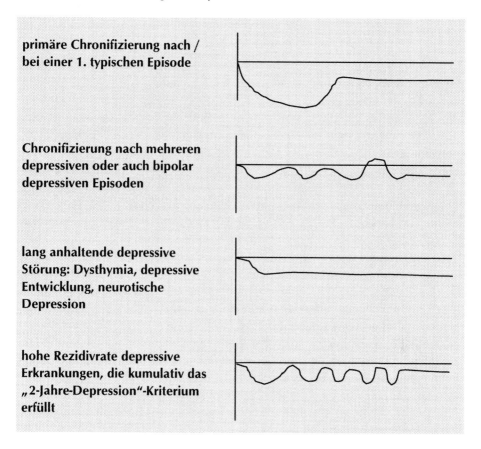

1) „Primäre Chronifizierung", die bei einer ersten typischen depressiven Episode bereits auftritt und durch die oben genannten Bilder einer depressiven Kernsymptomatik (depressive Herabgestimmtheit, Antriebs- und Vitalitätsreduktion) über einen Zeitraum von mindestens 2 Jahren, meistens deutlich länger gekennzeichnet ist. Dies ist nicht so selten zu finden, Marneros und Deister (1990) haben dies als „Symptompersistenz" beschrieben und bei einem Drittel ihrer Patienten über Jahre hinweg gefunden. Laux

45

(1986) fand ein derartiges „depressives Residuum" bei immerhin 18%. Ruppe (1996) berichtet in unserer eigenen 6-Jahres-Katamnese von 26% chronischem Verlauf über mindestens 2 Jahre ohne jegliche Remission. Es scheint also eine derartige „primäre Chronifizierung", die unzulänglich auch als Defizit oder als Residualzustand bezeichnet wird, zu geben. Ob sich dieses Bild insbesondere bei wahnhaft depressiver Symptomatik, bei klassischer Melancholie findet, ist offen, drängt sich jedoch auf Grund des klinischen Eindruckes auf.

2) Chronifizierung nach mehreren unipolaren depressiven oder auch bipolar depressiven Episoden. Hier werden mit zunehmender Zykluszahl die Abstände zwischen den depressiven Episoden immer kürzer. Bei ausbleibender vollständiger Symptombesserung bzw. bei vorhandener Restsymptomatik ist dann auch die Verschlechterungsgefahr und die Rückfallgefahr besonders hoch und es ist kaum mehr zwischen einzelnen depressiven Episoden zu unterscheiden.

3) Langanhaltende depressive Störung. Hier ist die „Dysthymia", die neurotische Depression, die depressive Entwicklung im (klassischen) engeren Sinne gemeint, wie sie in der traditionellen deutschen, aber auch internationalen Literatur beschrieben wird. Stefanis und Stefanis (1999) haben ja bereits die „Dysthymia" als einen sehr „heterogenen Topf" bezeichnet.

4) Hohe Rezidivrate, die kumulativ ein 2-Jahres-Kriterium erfüllt. Es gibt, klinisch gesehen, diese Patienten, bei denen man gar nicht so richtig feststellen kann, wie lange sie aus ihrer Depression eigentlich heraus gewesen sind, die jedoch subjektiv durchaus eine völlige oder fast völlige Symptomfreiheit beschreiben, und wenn dies nur für wenige Wochen gegolten hat. Ob es sich hier um ein „depressives rapid-cycling" handelt (sofern es so etwas gibt) oder ob hier äußere psychosoziale Belastungsfaktoren oder auch psychoreaktiv-neurotische Konfliktkonstellationen, die nicht bearbeitet werden konnten, eine depressionsaufrechterhaltende bzw. für die Rezidivierung sorgende Bedeutung haben, ist offen.

Die „primäre Chronifizierung" (oben unter 1) haben wir versucht, nach klinischem Eindruck noch etwas genauer zu beschreiben (Tab. 15). Neben der Symptomkonstellation spielen auch psychoreaktive Faktoren (z. B. zusätzliches Scheitern im Beziehungsbereich, Tragödien im familiären Feld, berufliches Scheitern) eine Rolle. Die daraus ableitbaren therapeutischen Konsequenzen werden später diskutiert.

Tabelle 15: Primäre Chronifizierung (= Fortdauer einer voll ausgeprägten depressiven Episode (major depression))

- **länger als 2 Jahre**

- **von Anfang an mit deutlich reduzierter Arbeits- und Leistungsfähigkeit, fast immer erwerbsunfähig**

- **keine Symptombesserung im Sinne von Therapieresponse > 50 % vom Ausgangswert (z. B. Aufnahme-HAMD)**

- **Schwankungen der Symptomausprägung wenn vorhanden nur wenige Tage**

- **durchgängig mittelgradige depressive Herabgestimmtheit ohne Aufhellung und mit eingeschränkter Schwingungsfähigkeit, verbunden mit Vitalitätsverlust, Anhedonie, Rückzug, Nichtkönnen (subjektiv, objektiv)**

- **oft Männer mit vorzeitigem beruflichen Scheitern und Schuldzuweisung an andere (chronische Kränkung), Männer am Ende ihrer Erwerbszeit und hoher Identifikation mit der Arbeit oder auch Frauen im mittleren Lebensalter, die verlassen werden (chronische Kränkung) oder traumatische Verluste (z. B. Tod eines Kindes durch fremde Einwirkung) erleiden**

- **Psychodynamisch wichtig hohe Identifikation mit Tätigkeit / Rolle (Selbstbild), traumatisch und kränkend erlebter Verlust, Opferrolle und Schuldzuweisung an andere (Rache und Schuldideen)**

3 Epidemiologie, Verlauf und verlaufsmodifizierende Faktoren bei der Depression bzw. chronischen Depression

In diesem Abschnitt sollen einige Daten (ohne Anspruch auf Vollständigkeit) aus der Literatur sowie nach eigenen klinischen Erfahrungen zusammengestellt werden. Zum einen geht es um die Frage der Häufigkeit chronischer Depressionen überhaupt im Verlauf, ohne sich jetzt von vornherein der Position von Judd und Akiskal (2000) anschließen zu wollen, dass es sich bei einer Depression sowieso um eine chronische Erkrankung mit schwankender Symptomausprägung handle; denn dann ließe sich eine primäre chronische Depression nicht mehr von einer depressiven Episode mit Restsymptomatik (Mojtabai 2001) abgrenzen. Sodann sollen einige „verlaufsmodifizierende Faktoren" diskutiert werden, wobei auf den insgesamt unbefriedigenden Wissensstand verwiesen wird. Dies führt dann zu eher grundsätzlichen konzeptuellen Überlegungen, die aus klinischer und ambulanter Arbeit gestützt werden und sich als Erklärungsmodelle, weniger als Prädiktoren im eigentlichen Sinne, für ungünstige Verläufe im Sinne von Chronifizierung und Ausprägung von Residualsymptomatik heranziehen lassen.

3.1 Zur Epidemiologie

Die neueren Angaben zur Punkt-, 6-Monats- bzw. 1-Jahresprävalenz und zur Lebenszeitprävalenz depressiver Störungen sind weltweit gut übereinstimmend. Wittchen et al. (1994) geben für eine typische depressive Episode (Major depression) auf der Basis von 20 verschiedenen epidemiologischen Studien eine Punktprävalenz von 3.1 (1.5 – 4.9), eine 6-Monats- bzw. 1-Jahres-Prävalenz von 6.5 (2.6 – 9.8) und eine Lebenszeitprävalenz von 16.1 (4.4 – 18) an. Für die Dysthymia gelten folgende Zahlen in der gleichen Reihung der Prävalenz: 2.1 (1.2 – 3.9); 3.3 (2.3 – 4.6); 3.6 (3.1 – 3.9). Kasper et al. (1994) stellen ebenfalls fest, dass etwa 17% der Gesamtbevölkerung im Laufe ihres Lebens (Lebenszeitprävalenz) an einer Depression erkranken und teilen diese nach 5,6% leichte, 7,3% mittelgradig ausgeprägte und 4,2% schwere depressive Störungen ein; als Punkt- bzw. 1-Jahresprävalenz werden 10,3% aktuell depressiv Erkrankte in der Allgemeinbevölkerung angegeben. Die Studie „Depression 2000" (Wittchen et al. 2000) fand in einer repräsentativen deutschen Bevölkerungsstichprobe 6,3% Depressive in den letzten 4 Wochen, in den letzten 12 Monaten vor der Untersuchung 11,5%, wobei nur jeder 2. (50,1%) Behandlung ambulanter oder stationärer Art in Anspruch nahm (ambulant 48,2%, stationär 11,8%; Nervenarzt 18,0%, Psychotherapeut 21,5%, Hausarzt 24,6%, Ambulanz 4,2%, andere 14,6%). In einer parallelen Hausarztstudie erfüllten am Untersuchungsstichtag 10,9% der Patienten die Kriterien einer Depression anhand eines entsprechenden Screening-Verfahrens.

Die Häufigkeit depressiver Störungen im stationären psychiatrisch-psychotherapeutischen Bereich (Fachkrankenhäuser bzw. Abteilungen für Psychiatrie und Psychotherapie) wird durchgängig im deutschen Raum mit 15% – 25% angegeben (Wolfersdorf et al. 1985, Wolfersdorf 2002, Spießl et al. 2001). Spießl et al. (2001) finden auf der Basis von 2 Klassifikationsfaktoren in der Gesamtgruppe ihrer depressiven Patienten im klinischen Bereich 43%, die sie als „chronisch depressiv" bezeichnen. Marneros und Deister (1990) berichten von 36% Patienten mit mindestens 3-jähriger Symptompersistenz. In der Gruppe von Heindl (2001) waren 32% der unipolar Depressiven bereits vor stationärer Aufnahme mindestens 2 Jahre nahezu ununterbrochen krank gewesen. Interessanterweise erfüllten von den mit Verdacht auf Chronizität und Therapieresistenz aufgenommenen Patienten am Ende der Behandlung nur noch 34% das Kriterium „ungebessert", was unseren Eindruck stützt (Wolfersdorf et al. 1997), dass chronisch depressive, rezidivierend und erstmals erkrankte depressive Patienten durchaus von einem strukturierten Behandlungskonzept in ähnlicher Weise, unabhängig vom bisherigen Krankheitsverlauf, profitieren können. Fichter (1990) beschrieb in seiner Untersuchung der psychischen Störungen in der Allgemeinbevölkerung eine 5-Jahresinzidenz von chronischen Depressionen von 17,9% (Männer 12,5%, Frauen 19,5%).

Im Bereich der niedergelassenen Nervenärzte berichtet Linden (1984) von 34% - 46% Patienten mit depressiven Erkrankungen; etwa ¾ davon werden als neurotische Depression bzw. länger dauernde depressive Anpassungsstörungen beschrieben; in dieser Gruppe werden etwa 40% als chronische Zustände eingestuft.

Tabelle 16: Langzeitverlauf uni- und bipolarer affektiver Störungen (nach Volk et al. 1998, ergänzt)

Autoren	Verlaufs-typen	n	Zeitraum	Anteil % sehr gut	chron.	Suizid
Lee and Murray (1988)	unipolar	89	18 Jahre	18%	25%	4%
Kiloh et al. (1988)	unipolar	145	15 Jahre	20%	11%	7%
Wolfersdorf et al. (1990), Steiner (1989)	unipolar	165	1 Jahr	45%	15%[1]	4%
Ruppe et al. (1994), Ruppe (1996)	unipolar	76	6 Jahre	36%	18%[2]	8%
Angst und Preissig (1995)	unipolar bipolar	186 220	22-27 Jahre 22-27 Jahre	27% 4%	13% 16%	23% 8%
Brodaty et al. (2001)	unipolar	145	25 Jahre	12%	2%	2%

[1] chronisch = MD > ½ Jahr nach stat. Behandlung im Katamnesejahr (hier ohne Suizide)
[2] chronisch = MD ≥ 2 Jahre im Katamnesezeitraum

Tabelle 17: Berechnung von Remission, Rezidiv und Chronifizierung, modifiziert nach Piccinelli und Wilkinson (1996); (aus Volk et al. 1998)

Katamnese Anteil von	Zeitraum in Jahren			
	0,5	1	2 - 5	> 10
* **Remission**	28-56% (MW 53%)	28-75% (MW 64%)	49-90%	18-30% (MW 24%)
* **Rezidiv**	–	25-27% (MW 26%)	46-74%	63-95% (MW 76%)
* **Chronifizierung**	–	8-17% (MW 15%)	10%	8-15% (MW 12%)

Die Häufigkeit von Chronifizierungen in Verlaufsstudien zur unipolaren (und bipolaren) Depression liegt nach Wolfersdorf und Kopittke (1990) zwischen 1% und 40%; Tab. 16 zeigt eine Auswahl von Studien, die verdeutlichen, dass der Anteil sehr guter und guter Besserung im ersten Katamnesejahr relativ hoch ist, während Studien über einen langen Katamnesezeitraum (Tab. 17) eine hohe Rezidivrate von bis zu 95% aufweisen. Ruppe (1996) fand einen symptomfreien Verlauf (symptomfrei direkt im Anschluss an Entlassung sowie symptomfrei nach einer verlängerten Index-Episode) in ihrer 6-Jahreskatamnese bei 31%, bei 14% eine rezidivierende Minor, bei 21% eine rezidivierende Major depression und einen chronischen Verlauf mit Dauer einer depressiven Symptomatik über mindestens 2 Jahre ohne Remission bei 26%. Durch Suizid waren, jeweils innerhalb eines Jahres nach Entlassung aus der stationären Behandlung, 5 Patienten (9%) verstorben. In Tab. 18 sind diese chronischen Verläufe aufgeschlüsselt; interessant ist aus Sicht der Annahme einer „primären Chronifizierung" der Anteil von 6 Patienten, die über den gesamten Katamnesezeitraum keinerlei Remission erfahren haben. Zum Ende der Katamnese nach 6 Jahren waren 12 Patienten nicht remittiert.

Tabelle 18: Chronische Verläufe (n = 15) in der Weissenauer Katamnese-Studie (n ges. = 58) (6-Jahres-Katamnese; Ruppe 1996)

Unterschiedliche Verläufe	
Chronischer Verlauf bei n = 15 Pat. **(26 % von n gesamt =58)**	
• d. h. Episodendauer jeweils > 2 Jahre ohne zwischenzeitliche Remission	
davon • ausschließlich als Minor Depression	n = 2
• ausschließlich als Major Depression	n = 4
• wechselnd zwischen Minor und Major Depression	n = 9
davon • über 6 Jahre keine Remission	n = 6
• Chronifizierung in der Indexepisode	n = 7
• Remission der Indexepisode, dann chronischer Verlauf nach Rückfall	n = 8
• zum Ende der Katamnese nicht remittiert von allen „chronisch" Depressiven	n = 12

Dies deckt sich mit Angaben von Keller (2001), der zusammenfassend folgende Situation beschrieb:

Lebenszeitprävalenz für Major depression 17%, 1/3 der Patienten haben Episoden länger als 2 Jahre (im Sinne der Definition „chronisch"), die Rezidivrate liegt bei über 75%. Nur etwa 50% bessern sich innerhalb von 6 Monaten Behandlung, am Ende des ersten Jahres nach Beginn der Depression sind etwa bis zu 2/3 gebessert. Allerdings sind nach 10 bis 15 Jahren nach der Indexepisode immer noch 6% – 7% der Eingangs-Patienten depressiv, ohne eine wesentliche Remission erfahren zu haben. Fast 90% der Patienten, die von der Indexepisode gebessert sind, erleiden innerhalb von 15 Jahren ein Rezidiv.

Man kann also heute von einem chronischen Verlauf bei 15% - 25% ausgehen, von einer Rezidivrate, die von Jahr zu Jahr und von Wiedererkrankung zu Wiedererkrankung steigend ist bis auf Dreiviertel bis Vierfünftel, von einer mittleren Anzahl von depressiven Episoden bei Ersterkrankung von 3 bis 4 und mehr im Laufe eines Erwachsenenlebens und von einer völligen Wiederherstellung nach 1 Jahr bei etwa 50% bis Zweidrittel der depressiven Patienten.

3.2 Verlaufmodifizierende Faktoren/Risikofaktoren für chronische Verläufe

Die Klage über eine unzureichende psychosoziale Forschung hinsichtlich verlaufsmodifizierender Faktoren bei psychischen Erkrankungen, hier insbesondere bzgl. Rezidivierung und Chronifizierung, gilt auch heute noch (Hübner-Liebermann 2001). Während von ärztlich-psychiatrischer Seite eher das Phänomen der medikamentösen Therapieresistenz, zumal es auch klarer fassbar ist, diskutiert wird, zielen psychologische Studien auf verschiedene psychosoziale Hintergründe als Ursache für die Chronifizierung einer Depression, wobei auf kognitive Aspekte, Interaktionsstile, Kindheitserfahrungen, das Vorhandensein sozialer Unterstützung usw. abgehoben wird (Lara und Klein 1999).

Versucht man einen groben Überblick, so sind es einerseits psychosoziale Faktoren, die in Zusammenhang mit Verlaufsaspekten gebracht werden, zum anderen Formen von Lebensstress (Lebensereignisse insbesondere negativer Art, chronische Belastungen), die ihren Einfluss nicht nur im prädepressiven Zeitraum ausüben können, sondern sich auch auf das stationäre und poststationäre Behandlungsergebnis auswirken (Katschnig und Nutzinger 1988) (Abb. 6).

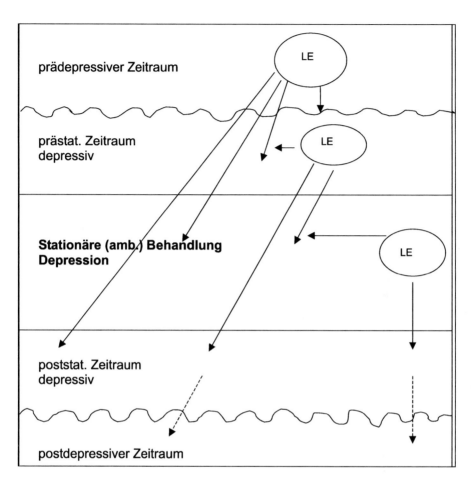

Abbildung 6: Mögliche Auswirkungen von Lebensereignissen im Krankheits- und Therapieverlauf bei Depression (in Anlehnung an Katschnig and Nutzinger 1988)

So haben Brown und Harris (z. B. 1986) als Vulnerabilitätsfaktoren das Fehlen einer vertrauensvollen Beziehung, den Verlust der Mutter vor dem 11. Lebensjahr, das Vorhandensein von 3 und mehr Kindern zuhause, das Fehlen einer eigenen Beschäftigung außerhalb des Haushaltes, das Fehlen eines eigenen Einkommens, das Fehlen sozialer Unterstützung sowie eine Minderung des eigenen Selbstwertgefühles als relevante Konstellation für das Entstehen einer Depression erachtet, wenn zusätzlich „auslösende" Lebensereignisse auftreten. Als solche haben sie vor allem Verlustereignisse identifiziert, die jedoch einzeln ihre kritische Wirkung ausüben, nicht additiv, und deren Effekt auch mit einer gewissen, wahrscheinlich 3-monatigen

Wirklatenz auftritt: Verlust als Folge von Tod oder Trennung, Verlust von materiellen Gütern, von Gesundheit, Verlust des Arbeitsplatzes oder auch Verlust einer Wunschvorstellung von sich und anderen, die unter Vertrauensverlust zerstört wird. Derartige Verlustereignisse sind prädiktiv für Depression. Bedeutsam sind diese insbesondere dann, wenn es zu einer Reaktualisierung früher Verlust- und emotionaler Mangelerfahrungen durch einen subjektiven, einen antizipierten oder einen real erlittenen Verlust in der Jetztzeit kommt, wobei andere Autoren und auch die klinische Erfahrung auf die subjektive Bedeutung dieser Lebensereignisse für die einzelnen Personen immer wieder hingewiesen haben. So sind diese Lebensereignisse insbesondere dann wirksam, wenn sie mit dem eigenen Gefühl der Verpflichtung verbunden sind, d. h. man fühlt sich depressiv und schuldig, weil durch das Verhalten von jemand anderem, dem man verpflichtet gewesen war, das eigene Selbstbild zerstört wird. Oder die Lebensereignisse führen zu einem Verlust der sozialen Wertschätzung bzw. der Autonomie, d. h. der persönlichen Unabhängigkeit, wie man es oft bei alten Menschen und bei der Depression im höheren Lebensalter vorfindet. Wir unterstellen dabei eine gewisse Spezifität von „depressiogenen" Ereignissen (Wolfersdorf 1995) und sehen hier vor allem Verlustereignisse, Autonomieverlust, Ereignisse im Verpflichtungsumfeld, Rollenkonflikte, die eigene Existenz bedrohende Lebensereignisse, dann aber auch emotionale Mangelsituationen und Überforderungssituationen als besonders bedeutsam an. So haben auch Monroe et al. (z. B. 1992) immer den Einfluss von belastenden Faktoren vor, während und nach der stationären Behandlung auf die depressive Symptomatik, ihr Ausmaß und ihr Andauern betont. Zimmerman et al. (1987) fanden bei Patienten mit mehr Lebensstress im Vorfeld auch zum Nachuntersuchungszeitpunkt ein halbes Jahr später tendenziell schlechtere Werte, und auch Faravelli et al. (1986) wiesen Lebensstress vor stationärer Aufnahme bei depressiv Kranken einen prädiktiven Stellenwert für den weiteren Verlauf zu.

Keller (1997) fasst die Ergebnisse seiner Untersuchung „Bedeutung von Lebensereignissen auf den Verlauf depressiver Störungen" dahingehend zusammen, dass Lebensstress vor der stationären Aufnahme prognostische Bedeutung für den nachstationären Verlauf habe, belastende Lebensereignisse im nachstationären Zeitraum ebenfalls signifikant mit Rückfällen verknüpft seien und der Einfluss von moderierenden Variablen (Geschlecht, Diagnose oder Anzahl früher depressiver Episoden) insgesamt als gering bezeichnet werden könne. Es habe sich jedoch die Entlasssymptomatik am Ende der depressiven Episode als jeweils prädiktiv für den weiteren Verlauf herausgestellt und belastende Lebensereignisse oder -bedingungen hätten auch bei Berücksichtigung des Entlasszustandes einen zusätzlichen Prognosewert aufgewiesen. Ähnliche Ergebnisse hatten Steiner et al. (1992) in einer Diskriminanzanalyse als bedeutsam für den weiteren Verlauf in einer 1-Jahreskatamnese genannt: das Auftreten negativer Lebensereignisse im Katamnesezeitraum; die Entlasssymptomatik, gemessen mit dem Beck-Depressionsinventar; die objektiven Belastungen in verschiedenen sozialen Lebensbereichen.

Klinisch formuliert heißt dies, ein Patient muss möglichst symptomfrei aus der Depression herauskommen (Domäne der Psychopharmakotherapie mit Antidepressiva); er muss möglichst gut mit vor und nach der Depression auftretenden Lebensereignissen zurechtkommen (Domäne der Psychotherapie) und die sozialen Belastungen im Arbeits-, Wohn- und Freizeitbereich müssen möglichst gut bereinigt sein (Domäne der Soziotherapie und Sozialpsychiatrie).

Ruppe (1996) betonte in ihrer 6-Jahreskatamnese die Bedeutung der sozialen Faktoren und fand in der Gruppe mit chronischem Verlauf eine deutliche Verarmung der sozialen Situation und ein Nachlassen an Aktivitäten im Bereich von Freizeit und Erwerbstätigkeit. Dies führte zu einem hohen Ausmaß an Unzufriedenheit in dieser Gruppe, wobei sich in der Gruppe mit chronischem Verlauf über die 6-Jahreskatamnese hinweg eher Verschlechterungen bzw. ein Gleichbleiben der ungünstigen Situation beobachten ließ.

Fasst man die Ergebnisse von Steiner et al. (1992), Ruppe (1996), Keller (1997), Wolfersdorf et al. (1998) zusammen (da sie sämtlich aus der gleichen Forschungsgruppe „Verlaufsforschung" der Weissenauer Depressionsstation (Ravensburg/Universität Ulm) stammen), dann gibt es deutliche Hinweise, dass einerseits eine ausreichende symptomatische Besserung, andererseits ausreichend vorhandene Bewältigungsstrategien für mehr oder minder schicksalhaft eintretende Lebensereignisse sowie Zufriedenheit, Bewältigungsfähigkeit und auch Reduktion objektiver sozialer Belastungen sich positiv auf den Verlauf auswirken. Umgekehrt fördern Nichtvorhandensein oder Einschränkung dieser drei zentralen Faktoren Rezidivierung bzw. mehr noch Chronifizierung depressiver Störungen, damit die Aufrechterhaltung einer Depression über z. T. lange Jahre hinweg.

Wie schon etwas „schlicht" formuliert, lässt sich daraus für die psychotherapeutische Behandlung chronisch Depressiver ableiten, dass es eben nicht alleine bei einer klassischen Face-to-face-Einzelpsychotherapie bleiben darf, sondern dass es, neben längerfristiger Psychotherapie bzw. vorsichtiger formuliert psychotherapeutischer Begleitung, therapeutisch initiierter und gemeinsam mit dem Patienten besprochener Aktivitäten im Lebensfeld, im Beziehungs- und Arbeitsfeld und auch eine Beobachtung und notfalls auch einer zusätzlichen Behandlung bzw. einer Fortführung der bisherigen Psychopharmakotherapie bedarf. Damit wird die Behandlung chronisch Depressiver komplex. Eine Zusammenfassung der Faktoren, die nach unserem Eindruck den kurz- bzw. langfristigen Verlauf, damit auch die Entwicklung von Chronifizierung beeinflussen, ist in Tab. 19 gegeben und muss ergänzt werden durch psychopathologische Faktoren (Tab. 20), die bekannterweise ebenso zu einer Verlaufsmodifikation in Richtung einer Chronifizierung beitragen können.

Tabelle 19: Faktoren, die den kurz- bzw. langfristigenVerlauf einer Depression beeinflussen

- **bisheriger Verlauf**

- **adäquate Erhaltungstherapie, Rezidiv- bzw.
  Verschlechterungsprophylaxe (Psycho- und Pharmakotherapie)**

- **adäquate Therapie körperlicher Erkrankungen**

- **adäquate Therapie psychiatrischer Komorbidität**

- **stabiles bzw. stabilisiertes Selbstwertgefühl**

- **Vorhandensein einer positiv erlebten Partnerschaft**

- **Vorhandensein einer unterstützenden Beziehung**

- **Unterstützung im sozialen Umfeld**

- **Bewältigung objektiv gegebener Belastungen im Arbeits- und
  Wohnbereich bzw. Hilfe dabei**

- **Entlastung im familiären Bereich
  (Mehrfachbelastungen Kinder / Haushalt / Beruf)**

- **Erwerb sozialer Kompetenz**

- **Reduktion (soweit vorhersehbar) von negativen Lebensereignissen**

- **Veränderung von depressiven / depressiogenen Denkschemata bzw.
  Neubewertung von Person, Leistung, Situation**

Tabelle 20: Psychopathologische Faktoren mit Einfluss auf Behandlung und Verlauf der akuten Depression

- **psychotische Symptomatik (depressiver Wahn)**

- **Suizidalität (Suizidrisiko, Suizidversuch)**

- **Angststörung**

- **Substanzmissbrauch, Abhängigkeit (Medikamente, Alkohol)**

- **schizoaffektive (depressive) Mischbilder**

- **manisch-depressive Mischbilder**

Keller (2001) hat als Prädiktoren für einen chronischen Verlauf angegeben: lange Dauer der Indexepisode, frühere depressive Episoden mit Krankenhausbedürftigkeit, komorbide Angststörung, komorbider Suchtmittelmissbrauch, niedriges Familieneinkommen und intakte Ehe. Letzteres bedarf der kurzen Erklärung; es scheint aus familientherapeutischer Sicht, dass es beim nicht-depressiven Partner zu einem Rollenwechsel in Richtung mehr Dominanz, mehr Übernahme von Verantwortung, damit natürlich auch mehr Autonomie in der Beziehung kommt, wodurch jedoch der Entwicklungsraum für den depressiven Partner eingeengt wird. Diese neue Rolle für den nicht-depressiven Partner müsste dann langsam wieder aufgegeben und modifiziert werden, was bei komplementären Beziehungsgestaltungen und dem dadurch eingetretenen Rollenwechsel durchaus schwierig sein kann und der psychotherapeutischen Unterstützung bedarf. Lyness et al. (2002) hatten Patienten, älter als 60 Lebensjahre, einer internistischen und familienmedizinischen Ambulanz mit depressiven Erkrankungen untersucht und auch 1 Jahr nach Beginn der Studie noch bei 57% eine ausgeprägte depressive Symptomatik gefunden. Prädiktoren für diesen schlechten Ausgang waren von einander unabhängig Vorliegen einer körperlichen Erkrankung und Neurotizismus, also Persönlichkeitsfaktoren, sowie die gleichzeitige somatische Komorbidität. Ähnlich nannten Trivedi und Kleiber (2001) als Prädiktoren für Chronizität einen frühen Krankheitsbeginn im Lebensverlauf, einen Suchtmittelmissbrauch und eine komorbide Persönlichkeitsstörung, einschließlich einer unvollständigen Symptombesserung (Mueller et al. 1999). Akiskal (1982) verglich chronisch Depressive mit rezidivierend Depressiven und fand in der Familie der chronisch Depressiven signifikant häufiger ebenfalls depressive Störungen sowie durchgängig signifikant häufiger eine Reihe von Belastungsfaktoren wie zahlreiche Todesfälle, ein behindertes Familienmitglied, eine zusätzliche körperliche Erkrankung, die Einnahme depressionsfördernder Antihypertensiva sowie einen sekundären Sedativa- und Alkoholmissbrauch. Hübner-Liebermann et al. (2001) beobachteten bei chronisch depressiven Patienten signifikant häufiger Non-Compliance für Psychotherapie sowie Psychopharmakotherapie und auch vermehrte Behandlungsabbrüche gegen ärztlichen Rat; hinsichtlich Geschlecht, Alter, Schweregrad der Erkrankung sowie psychosoziale Leistungsfähigkeit bei Einweisung ergab sich kein Unterschied. Sie schlossen daraus, dass Compliance fördernde und sichernde Maßnahmen bei chronisch depressiven Patienten intensiviert werden sollten.

Fasst man nun klinisch zusammen, was zur Aufrechterhaltung einer Depression im Sinne von Chronifizierung beitragen kann, so ist an erster Stelle das Nichterkennen der depressiven Erkrankung (unzureichende Diagnostik, Informationsmangel, Desinteresse) und die daraus resultierende Nicht- oder Fehlbehandlung zu nennen. Hinzu kommen das Übersehen von somatischer oder auch psychischer Komorbidität (die depressionsfördernd sein kann), das Stellen einer falschen Diagnose (auch einer Freundlichkeitsdiagnose, z. B. „vegetative Dystonie", wobei auch „Adoleszentenkrise", „Rentenneurose", „Heultag" postpartum, klimakterische Beschwerden, Pensionierungsbankrott, Altersabbau u. ä. in diese Richtung gehen und häufig eher eine Einstellung des Therapeuten widerspiegeln als fachliche Kompetenz), das Nichtbeachten psychosozialer Faktoren im Bereich des Arbeitsplatzes, der Beziehung, die fehlende nötige Sorge um die Lebenssituation des Patienten, das Unterlassen notwendiger sozialtherapeutischer Interventionen. All das kann sich depressionsaufrechterhaltend auswirken. Ebenfalls eine falsche oder unzureichende medikamentöse Behandlung, z. B. trotz Indikation keine Antidepressivagabe, zu niedrige Dosierung, zu sehr mit Nebenwirkungen belastete Antidepressiva gewählt, zu kurze oder überlange Behandlungsdauer, nicht indizierte Therapie mit Neuroleptika oder Benzodiazepinen. Ein weiterer Faktor ist dann eine inkonstante, beziehungslabile und unregelmäßige Behandlung mit fehlendem konstanten Therapieangebot (mangelnde Zeit, mangelnde Lust, fehlende Kompetenz auf therapeutischer Seite, negativistische Grundeinstellung auf therapeutischer Seite u. ä.), was meist Hand in Hand geht mit Non-Compliance des Patienten, mit Vermeidung von Psychotherapie, Vermeidung von Veränderungsnotwendigkeiten und oft auch fehlender Kooperation von Angehörigen. Unterstützt wird diese Non-Compliance auch durch Persönlichkeitszüge auf Seiten des Patienten, z. B. durch eine hysterische Struktur, durch emotional instabile Persönlichkeitszüge im Sinne der Borderline-Persönlichkeit oder auch durch sehr zwanghaft-anankastische Strukturanteile, was zu Interaktionsproblemen zwischen Therapeuten und Patienten führen kann, sofern auf therapeutischer Seite hier nicht besondere Kompetenz vorliegt. Weitere verlaufsbeeinflussende Faktoren sind in der Tab. 21 aufgelistet.

Tabelle 21: Übersicht verlaufsmodifizierende Faktoren bei Depressionen nach klinischem Eindruck und Literatur

Faktoren	mögliche Auswirkung
– prämorbide depressive Persönlichkeitsstruktur	überdauernde Rigidität (Inkludenz, Remanz, sekundärer Neurotizismus)
– Erkrankungsbeginn im frühen Alter	„gelernte Hilflosigkeit" hohe Rezidivrate, sozialer Abstieg, Arbeits- und Beziehungsprobleme
– Ersterkrankung im höheren Alter	verzögerte Remission, Komorbidität, hoher Anteil an Wahn, soziale Isolation
– hohe Episodenzahl bisher	Wahrscheinlichkeit weiterhin häufiger Erkrankung hoch
– lange Phasendauer bisher (> 1 Jahr)	weiterhin zu erwarten d. h. lange Krankheits- und Ausfallszeiten
– schweres depressives Syndrom bei Aufnahme/Entlassung	längere Behandlungsdauer, Wahrscheinlichkeit raschen Rückfalls bzw. Residualsyndrom
– depressiver Wahn	partielle Rückbildung mit regressivem, dissozialem bzw. Residualsyndrom, bes. bei inkongruenter paranoider bzw. halluzinatorischer Symptomatik

Faktoren	mögliche Auswirkung
– Suizidalität/Suizidversuch	erhöhtes Suizidrisiko, Suizidalität nach Wiedererkrankung, längere Therapiedauer
– sekundär neurotische Verarbeitung	Beziehungs- und Arbeitsproblematik („endoneurotisch") hohe weitere Vulnerabilität, Rückfallneigung
– Fehl- bzw. unzureichende Behandlung	im Alter Fehldiagnose Demenz, AD-Unterdosierung bzw. AD ohne NL bei Wahn bewirkt Therapieresistenz
– pharmakogene Depression	chronische Akinese mit sek. Depressivität z. B. bei NL; als Nebenwirkung bei internistisch-onkologischen, rheumatologischen, endokrinen, neurologischen Erkrankungen und deren Behandlung;
– körperlicher Erkrankung bes. chronische	psychoreaktive bzw. somatogene Aufrechterhaltung von Depression, pharmakogene Depression
– Verstärkter Verlust im Umfeld	fehlende soziale Interaktion, Isolation, Selbstwertproblematik
– Fehlen sozialer Fertigkeiten	Isolation, Kommunikationsprobleme
– objektive psychosoziale Belastungen durch Umfeld bzw. Familie/Partner	belastende, chronische Erkrankung des (Rollenumkehr), Verlust des Partners und Isolation/Vereinsamung („gelernte Hilflosigkeit"), chronische Arbeitslosigkeit, fehlender Lebensinhalt bei Berentung (z. B. EU)
– zahlreiche unkontrollierbare, negative bzw. chronisch belastende und veränderbare Lebensereignisse	Gefühle von Hilflosigkeit, Hilf- und Hoffnungslosigkeitseinstellungen, pathologische Attribution

Faktoren	mögliche Auswirkung
– fehlendes bzw. verlorengegangenes soziales Umfeld (kein stützender intimer Partner)	Verlust von Verstärkung, Stützung, Selbstwert, Bewältigungskraft
– fehlendes bzw. verlorengegangenes soziales Netzwerk	bes. bei alten Pat., Verbundensein bzw. Erreichbarkeit von sozialer professioneller Hilfe

4 Ätiopathogenetische Modelle zur Depression bzw. chronischen Depression

Die gegenwärtigen Modellvorstellungen zur Ätiopathogenese von (unipolaren) Depressionen hat Akiskal (1985) aufgelistet: Depression als nach innen gewendete Aggression; Objektverlustmodell; Selbstwertverlustmodell; kognitive Theorie; Modell der gelernten Hilflosigkeit; Verstärkerverlustmodell; neurobiochemisch Dysregulation aminerger Transmission; neurophysiologisches Modell; elektrophysiologische Störung, die zur Hyperexzitabilität und zu Kindling führe, sowie ein „Final Common Pathway"-Modell, in welchem Depression letztlich als Ausdruck neurobiologischer Dysregulation unter Einfluss unterschiedlicher Belastungsfaktoren verstanden wird. Neben einem neurobiologischen Ansatz – Katecholamin- bzw. Serotoninmangelhypothese, neuroendokrinologisches Stressmodell, genetisches Modell, chronobiologische Hypothese u. a. – stehen also die bekannten tiefenpsychologisch-psychoanlytischen Modellvorstellungen zur Depressionsgenese, die lerntheoretisch-verhaltenstherapeutischen und kognitions- bzw. attributionstheoretischen Modelle, welche sich in einem psychosozialen Vulnerabilitätsmodell aus der Kombination sozialer Belastungsfaktoren und Lebensbedingungen mit Persönlichkeitsfaktoren, fehlender sozialer Unterstützung und Netzwerke sowie letztlich auslösenden Ereignissen unterbringen lassen.

Entsprechend unserem fehlenden Wissen über letztendliche Ursachen depressiver Störungen und eingedenk des Fehlens eines umfassenden Modells, welches alle depressiven Störungen erklärt, sind die heute vorliegenden ätiopathogenetischen Modelle zur Verursachung und Entstehung depressiver Störungen weitgehend deskriptive Ansätze, die hilfreich sind für ein besseres Verstehen, damit die Entwicklung eines Krankheits- und Behandlungskonzeptes und für die Überlegung therapeutischer Ansätze im Kontext des Lebensraumes und des Verständnisses des betroffenen Patienten.

Weitgehend Übereinstimmung besteht dabei hinsichtlich des „Final Common Pathway"-Konzeptes von Akiskal und Mc Kinney (1975), welches die neurobiologischen Veränderungen als Ergebnis langjähriger biographischer, personenbezogener sowie neurobiologischer Prozesse sieht. Unter

dem Einfluss aktuell auslösender Lebensereignisse und psychosozialer Belastungen aus dem psychischen und somatischen Bereich kommt es zu einer
Auslenkung der Neurotransmittersysteme im zentralen Nervensystem und
zu neuroendokrinologischen Störungen, die neurobiologische Grundlage
der psychopathologisch und psychodynamisch deutlich werdenden depressiven Symptomatik und des depressiven Verhaltens sind. Battegay
(1985) hat dieses Grundgeschehen als Kombination einer spezifischen
biochemischen Störung, einer energetischen Blockierung oder sinnlosen
Aktivierung, also einem psychophysiologischen Phänomen, und einem
Verlust des Selbstwertgefühles (narzisstische Leere bzw. Entleerung) beschrieben und, ohne einen direkten Zusammenhang herzustellen, daneben
die Symptomatik des depressiven Syndroms gestellt.

4.1 Tiefenpsychologisches Modell

Das klassische tiefenpsychologisch-psychoanalytische Modell der Depression und ihrer Entstehung geht bekannterweise auf Freuds „Trauer und
Melancholie" (Freud 1917) zurück (Übersichten Wisdom 1967, Eike-
Spengler 1977, Benedetti 1988, Bibring 1952, Elhardt 1981, Reimer 1988,
Riemann 1976, Wolfersdorf 1992, 1995, Wolfersdorf und Rupprecht
2001). Dabei ist festzuhalten, dass der tiefenpsychologisch-psychoanalytische Ansatz weder die Dichotomie „psychogen versus endogen", noch
Verlaufsaspekte „einphasisch versus rezidivierend versus chronisch" mit-
gemacht hat, sondern von Anfang an ein biographisches Konzept und ein
langjähriger Behandlungsansatz implizit waren. Denn letztendlich beschreibt das tiefenpsychologisch-psychodynamische Modell die Entstehung
und Entwicklung einer Persönlichkeit mit einer erhöhter Vulnerabilität (Abb.
7), die sozusagen Ergebnis einer individuellen psychosozialen und biologischen Entwicklung ist und sich durch die Charakteristika Oralität (überstark
ausgeprägte Zuwendungsbedürftigkeit), starkes Bedürfnis nach Wertschätzung (Normorientiertheit, Leistungsorientiertheit), Ich-Insuffizienz, negatives
Selbstbild und hohe Verletzbarkeit auszeichnet (Tab. 22).

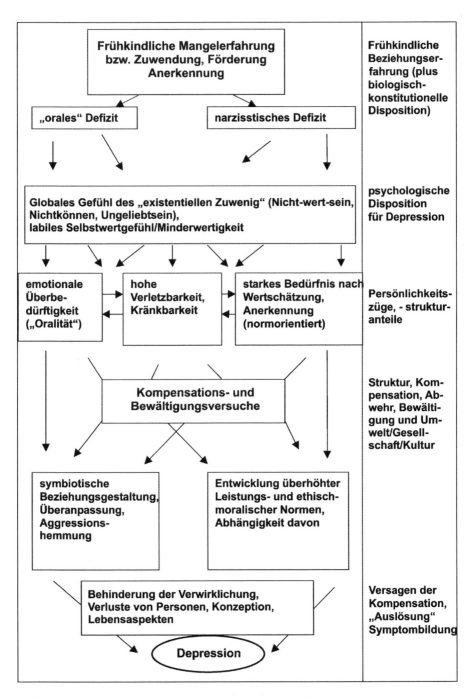

Abbildung 7: Vereinfachtes psychodynamisches Modell möglicher Depressions-
entwicklung

Tabelle 22: Psychodynamisch wichtige Aspekte bei der Depression

- **hoher Zuwendungsbedarf („Oralität")**

- **mangelndes bzw. instabiles Selbstwertgefühl (narzisstische Störung)**

- **Ich-Insuffizienz, negatives Selbstbild**

- **Hoffnungslosigkeit, fehlende Entwicklungs- (Zukunfts-) perspektive, Suizidalität**

- **Aggressionsvermeidung, Fehlen von Zugreifenkönnen, indirekte Aggressivität, Forderung an Umfeld**

- **Schuldgefühl, Versagensgefühl, Selbst- und Fremdanklage**

Bei einer auf Leistung und Anerkennung festgelegten Persönlichkeit führen Frustration und Kränkung durch Versagung und Verlust zur Instabilität des Wertgefühles, stellen das eigene Wertgefühl in Frage, erinnern auf der anderen Seite an das zentrale Erleben der emotionalen Bedürftigkeit, womit auch eine negative Selbstbewertung der eigenen Person, die „zuwenig bekommen hat", verbunden ist. Kompensationsversuche im Sinne der Verschmelzung, der Überanpassung, der Aggressionshemmung oder auch der grandiosen Verzichts- und Vereinsamungsideologie sind letztendlich nur unzureichend schützend und schließen eine dauernde Wunde nicht. Aktuell drohender Beziehungsverlust und Hilflosigkeit vermitteln zwar einerseits das Gefühl der Infragestellung der eigenen Existenz, führen andererseits aber auch zu narzisstischer Wut, die in ständiger Aufrechterhaltung (nicht verzeihen können) mit anhaltender depressiver Symptomatik oder mit Suizidalität als Ausdruck der Beziehungslosigkeit, der Wendung der Aggression gegen sich selbst einhergeht, aber auch durch Umkippen in die paranoide Externalisierung als projektive Abwehr in eine Opfer-Täter-Haltung (man tut mir Böses, die anderen sind die Bösen) oder in psychosomatische Erkrankung einmünden kann (Abb. 8).

Die Frage, wann eine solche Konstellation nun „chronisch" wird, d. h. mit langfristig anhaltender Symptomatik einhergeht, ist kaum zu beantworten. Ätiologische Faktoren sind die hohe Bedürftigkeit nach Zuwendung (orale Fixierung), die erhöhte Verletzbarkeit des Selbstwertgefühles (narzisstische

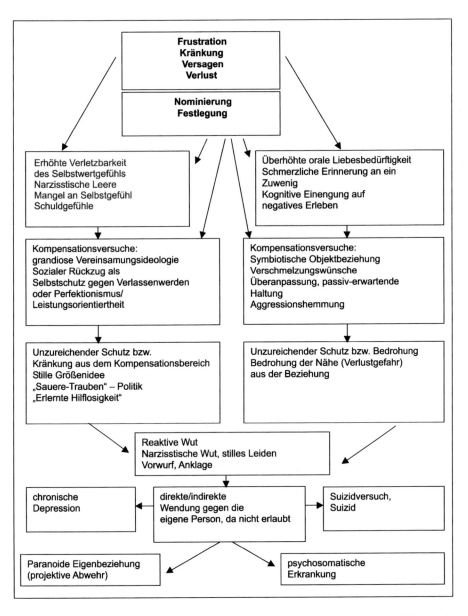

Abbildung 8: Schema der Psychodynamik bei Depressiven (nach Wolfersdorf, 1992)

Störung), die Tendenz zur Selbstentwertung, die Trennungsunfähigkeit und die Einstellung von Hilflosigkeit und Ich-Insuffizienz. Kommt es dabei, ohne dass dies in der Therapie aufgelöst werden kann, zu regressiven Syndromen, zum Rückzug in die eigene Hilflosigkeit, evtl. gleichzeitig mit einem überprotektiven, überfürsorglichen Partner (Stichwort Rollentausch und Infantilisierung des Depressiven) und können Kränkungen nicht aufgelöst, nicht verziehen werden, sondern verbleiben als narzisstische Wut, dann führt dies zu einer langfristigen depressiv-dysphorischen Herabgestimmtheit, zu Vitalitätsverlust, zu Anhedonie und Antriebslosigkeit („Die Welt soll büßen für das mir zugefügte Unrecht", so ein Patient). Für eine tiefenpsychologisch orientierte Psychotherapie bedeutet dies unter dem Aspekt von Vermeidung von Chronifizierung auch, neben dem biographischen Verständnis des gewordenen Menschen, auf Anerkennung der Realität, Verstehen der aktuellen psychodynamischen und auch realen Vorgänge im Hier und Jetzt zu beharren, Veränderungen im Sinne der Sicherung von Existenz voranzutreiben und bei narzisstischer Kränkung, bei chronischem Gekränktsein auch Aspekte von Abfinden mit dem Schicksal, von Leben mit chronischer Kränkung, von Verzeihen oder Nicht-Verzeihenkönnen einzubringen.

Die Zentralangst Depressiver dreht sich dabei im Wesentlichen um die Angst vor Alleinsein, Herausfallen aus einer schützenden Geborgenheit, um Angst vor Verlust bzw. Bedrohung von Sicherheit, um Angst vor Verlust der Liebe signifikanter Anderer, um Angst vor Verlust von Nähe, Verdrängung, vor Distanzierung, vor Verlust von Achtung, Wertschätzung und Anerkennung, vor Ohnmacht und Hilflosigkeit. Deswegen werden Vermeidungsstrategien der Individuation vorgezogen, nämlich Symbiosen statt Partnerschaften, Verschmelzungen statt Distanzierungen, Aggressionsverleugnung und Überanpassung sowie Autoritätsgläubigkeit anstatt Auseinandersetzung im wahrsten Sinne, Überverpflichtung und Helferideologie anstatt Fürsorge für die eigene Person, verbunden aber mit hoher Ansprüchlichkeit, mit Märtyrerideologie und, wenn Enttäuschungen eintreten, mit Schuldzuweisung an andere. Auch hier muss von therapeutischer Seite rechtzeitig der Weg in die Individuation, in Autonomiegewinn, in (wenngleich schmerzhafte) Abtrennung vom Anderen und in Eigenidentität gegangen werden. (An solchen Stellen „kracht" es dann in der Psychotherapie; deswegen macht es Sinn, von Anfang an deutlich zu sagen, dass Therapie auch schmerzhaft sein wird und Ziel nicht sein kann, immer gleicher Meinung zu sein. Man sollte dann allerdings auch betonen, dass man schwierige Situationen gemeinsam durchstehen und der Patient nicht alleingelassen wird).

Da tiefenpsychologisch-psychoanalytische Therapien, letztere im klassischen Sinne noch mehr als heutige tiefenpsychologisch fundierte Kurzpsychotherapien, sowieso immer über mehrere Jahre angelegt waren und sind, erübrigt sich die Frage nach „chronisch". Heutige Richtlinien-Psychotherapie wird bei einem depressiv kranken Menschen in einem ersten Schritt einmal 25 – 30 Std. zulassen, dann evtl. mit Verlängerung auf 50 – 70 Std., womit bereits 2 Jahre bei niederfrequenter Behandlung mit 1 Std. pro Woche, in Krisen mehr, angelegt sind.

4.2 Andere Modelle für Rezidivierung und Chronifizierung bei Depression

Ein kurzer Blick soll auf das Stress-Vulnerabilitäts-Modell der Depression geworfen werden, wie es in der Abb. 9 verdeutlicht ist.

Holsboer-Trachsler und Vanoni (1998) beschreiben hierbei den Prozess der „Narbenbildung" und erklären damit das rasche Wiedererkranken eines einmal depressiv kranken Menschen bei weiterhin vorhandenen oder neu eingetretenen Lebensereignissen und die Auslösung einer erneuten depressiven Episode. Dieses „Narbenmodell" erinnert auch an das „Kindling-Modell", wie es von Post (1990, 1992) zur Erklärung rezidivierender depressiver Erkrankungen und chronisch aufrecht erhaltener Depression verwendet wurde. Beide Modelle sind letztlich der Medizin – das Kindling-Modell der Epileptologie, das Narben-Modell der medizinischen Erfahrung, dass Narbengewebe immer schlechter als das Originalgewebe ist – entlehnt. „Kindling" bedeutet, dass im Laufe einer Erkrankung die Sensibilität immer mehr zunimmt und das Ausmaß, die Ausprägung von Reizen immer mehr abnimmt, so dass es zur Auslösung depressiver Episoden (bzw. zur Auslösung von Krampfanfällen) schon bei minimalen, vielleicht von außen her gar nicht mehr erkennbaren Reizen kommen kann (z. B. im Rahmen einer intrapsychisch erlebten Kränkung). Auch sind Narben nicht mehr so belastbar wie gesunde Gewebeteile und brechen rascher bei erneuter Belastung. Das wird durch die alte Erfahrung, dass mit zunehmender Phasenzahl die Anzahl der Auslöser abnimmt, bzw. durch die Beobachtung bestätigt, dass bei den ersten zwei bis drei depressiven Episoden noch deutliche „neurotische" Auslöser beobachtet werden, bei späteren depressiven Episoden dann eine „Endogenisierung" eintritt, Auslöser also nicht mehr deutlich werden und eher das klassische Endogenitätskonzept mit dem Auftreten von Phasen ohne äußere Trigger aufscheint. Formulierungen aus der

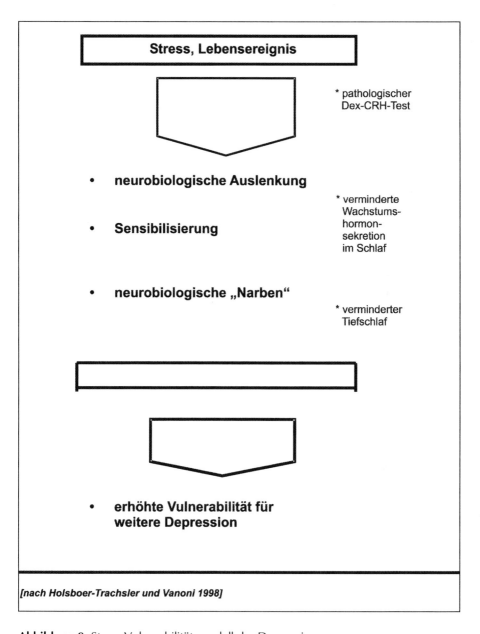

Abbildung 9: Stress-Vulnerabilitätsmodell der Depression

Ersterkrankung

1) **Frühe Verluste**
2) **Unsicheres Attachment**
3) **Sozialisation durch depressiven Elternteil**
4) **Vorläufersymptome**
5) **Belastende Lebensbedingungen**
6) **geringe soziale Unterstützung**

 Gewicht auf Psychotherapie

Rezidiv

1) **Phasen-Habituierung**
2) **Depressive Residualsymptomatik**
3) **Asthenische Non-TM-Persönlichkeit**
4) **Belastende Lebensbedingungen**
5) **Geringe soziale Unterstützung**
6) **Komplementäre Beziehung**
7) **Eingeengter Interaktionsstil**

 Gewicht auf Pharmakotherapie

Abbildung 10: Risikokonstellationen für unipolare depressive Episode (nach Mundt 1998)

älteren deutschen Psychiatrie wie endoreaktive Dysthymie (Weitbrecht) oder endoneurotische Depression (Hole) haben versucht, diesem Phänomen gerecht zu werden. Psychotherapeuten kennen die Erfahrung, dass oft schon einzelne Worte, Phasen im Gespräch, Beobachtungen, Blicke, Bewegungen u. ä. als Kränkungen durch Patienten umgedeutet werden können, die dann in eine so vorgebahnte Schiene ‚Depressivität' münden. Erfahrene Patienten können dabei sehr gut unterscheiden, was „kränkt im Sinne von Ärger" oder was „depressiv krank macht".

Auch die Risikokonstellationen für unipolare depressive Episoden nach Mundt (1998) gehen von einer Phasen-Habituierung als einer neurobiologischen Grundierung von Rezidivierung und Chronifizierung aus. Alle anderen Faktoren sind zusätzlich, wobei für die Rezidivierung eine depressive Residualsymptomatik, eine Persönlichkeitsstörung (Non-TM = Nicht-Typus-Melancholicus), belastende Lebensbedingungen und geringe soziale Unterstützung, eine komplementäre Beziehung sowie ein eingeengter Interaktionsstil bedeutsam sind. Dies deckt sich mit obigen Ausführungen zu den Ergebnissen der eigenen Verlaufsuntersuchungen.

Dies führt zu unserem eigenen Chronifizierungs- und Wiedererkrankungskreis, den wir uns für die praktische Handhabung in den letzten Jahren konzipiert haben (Abb. 11). Ausgehend von der Symptomatik am Ende einer Depression (s. Bedeutung von Restsymptomatik für das Wiedererkrankungsrisiko) unterstützen eine Reihe von Faktoren, die hier nahezu wahllos aneinandergereiht sind, die Entwicklung entweder in eine positive Richtung im Sinne von Stabilisierung, Verhütung von Verschlechterung, weiterer Besserung oder führen bei negativer Betonung zur Verschlechterung, Aufrechterhaltung der Symptomatik, damit beim Auftreten äußerer Lebensereignisse und Belastungen, die nicht therapeutisch abgepuffert werden können, zu Wiederetablierung von depressiven Phasen sowie Chronifizierung.

Daraus ergibt sich für uns auch das Ziel von Intervention bzw. Therapie zur Vermeidung von Chronifizierung und Wiedererkrankung, nämlich

1) sämtliche, eine Depression positiv verstärkende Faktoren zu eliminieren bzw., um dies therapeutischer auszudrücken, in der Bewältigung und Modifizierung dieser Faktoren hilfreich zu sein,
2) neues Erleben, neue Erfahrung, neues Bewerten (affektiv und kognitiv) von Ereignissen, Interaktionen zu ermöglichen und damit gegen Hilflosigkeitseinstellungen, gegen ein persistierendes Krankheitsgefühl, ein andauerndes Insuffizienzgefühl, gegen anhaltende negative Erwartungen, eine negative Selbstbewertung und gegen das Gefühl, man kann ja sowieso nichts tun, anzugehen.

Auf der Gesprächebene können in der Einzelpsychotherapie Ansätze gefunden werden

a) in einer vertieften biographischen Anamnese, die auf das Erleben und die Bewertung abhebt und nicht nur in die Vergangenheit zu einem besseren Verstehen der eigenen gewordenen Persönlichkeit, sondern auch in die Zukunft blickt,

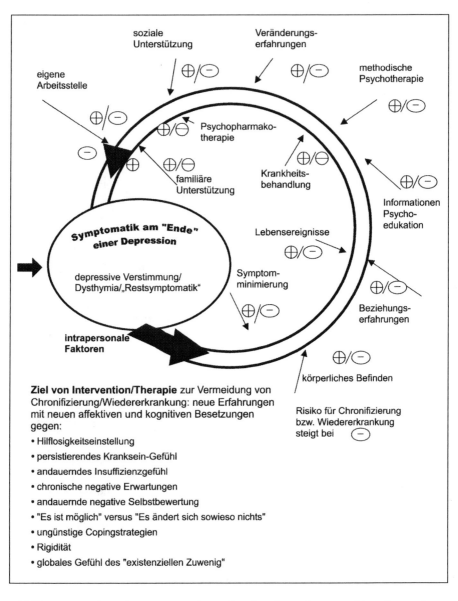

soziale
Unterstützung

Veränderungs-
erfahrungen

methodische
Psychotherapie

eigene
Arbeitsstelle

⊕/⊖

⊕/⊖

⊕/⊖

⊕/⊖

Psychopharmako-
therapie

⊖

⊕

⊕/⊖

⊕/⊖

⊕/⊖

Krankheits-
behandlung

familiäre
Unterstützung

Informationen
Psycho-
edukation

Symptomatik am "Ende" einer Depression

Lebensereignisse

⊕/⊖

depressive Verstimmung/
Dysthymia/„Restsymptomatik"

Symptom-
minimierung

⊕/⊖

⊕/⊖

Beziehungs-
erfahrungen

intrapersonale Faktoren

⊕/⊖

körperliches Befinden

Ziel von Intervention/Therapie zur Vermeidung von
Chronifizierung/Wiedererkrankung: neue Erfahrungen
mit neuen affektiven und kognitiven Besetzungen
gegen:

Risiko für Chronifizierung
bzw. Wiedererkrankung
steigt bei ⊖

• Hilflosigkeitseinstellung

• persistierendes Kranksein-Gefühl

• andauerndes Insuffizienzgefühl

• chronische negative Erwartungen

• andauernde negative Selbstbewertung

• "Es ist möglich" versus "Es ändert sich sowieso nichts"

• ungünstige Copingstrategien

• Rigidität

• globales Gefühl des "existenziellen Zuwenig"

Abbildung 11: Chronifizierungs- und Wiedererkrankungskreis aus klinischer Sicht

b) in der gemeinsamen Suche nach subjektiv bedeutsamen negativen und positiven Lebensbedingungen und -ereignissen, Belastungen, aber auch Erinnerungen, die neu besetzt werden können, nach Lebenserinnerungen und -abschnitten, die abgeschlossen, betrauert, die verziehen werden müssen, und mit denen auch gelebt werden muss,

c) in gemeinsamen Schritten in der Therapie im Sinne eines Krankheits- und Behandlungskonzeptes mit konkreten Handlungsanweisungen bzw. Überlegungen für positive Erfahrungen.

Abgesehen von dem Kindling-Modell, das in der Epileptologie neurophysiologisch belegbar ist, in der Depressionsätiopathogenese als Modell verwendet wird, sind die heutigen Vorstellungen zur Entstehung einer chronischen Depression aus tiefenpsychologisch-psychodynamischer Sicht deskriptiv, was sich letztlich aus dem Lebensphasen und Konflikt bezogenen Ansatz verstehen lässt.

Benedetti (1987) hat 4 Behandlungsphasen für die analytische Psychotherapie, die auch für die tiefenpsychologisch-psychodynamisch fundierte Psychotherapie gelten, beschrieben:

1) Phase der Abwehr und Betonung der eigenen Hilflosigkeit auf Seiten des Patienten, von Therapeutenseite partizipativ ermutigende Zuwendung,

2) Phase der teilweisen Einsichtsnahme durch den Patienten, von Therapeutenseite Aufdeckung des Grunddramas, d. h. des bedrohlich erlebten Verlustes,

3) Phase der allmählichen Bewusstwerdung des eigenen Beitrags zur Depression auf Patientenseite, von Therapeutenseite Deutung des abhängigen, selbstverleugnenden Verhaltens des Patienten,

4) Phase der Projektion und Lösung, d. h. der Therapeut wird zunächst zum dominierenden Partner, um sich dann zum signifikanten Partner zu entwickeln unter Bearbeitung von Aggressionen in der Übertragung.

„Chronisch" wird Depression und auch Therapie dann, wenn Patient und Therapeut auf einer dieser Ebenen sozusagen hängen bleiben, so in der Hilflosigkeit des Patienten und dessen Angewiesensein auf Zuwendung, in der Klage (das dann zum „leeren Jammern" wird) über den bedrohten Verlust, in der Verleugnung des eigenen Beitrages und der Weigerung zur Übernahme autonomer Verantwortung und in der Beibehaltung einer abhängigen Beziehung des Patienten zum Therapeuten, in der Loslösung nicht möglich wird und langjährige Therapien entstehen, die nicht notwendig sind.

4.3 Verhaltenstherapeutisch-lerntheoretische und kognitive Modelle

Ob eine depressive Verstimmung wieder abklingt oder aber chronisch wird, hängt entscheidend von den kognitiven Prozessen der betroffenen Person ab.

Nach der kognitiven Theorie von Beck[1] (1974, zit. nach Hautzinger et al. 1998) verfügen depressiv gestörte Menschen über kognitive Strukturen und Prozesse, die ihre Sicht der Welt verzerren: Sie sehen v.a. sich selbst, die Umwelt und die Zukunft negativ (sog. kognitive Triade). Sind diese negativen Schemata einmal etabliert, können sie selbstverstärkend wirken und so immer mehr verfestigt und löschungsresistenter werden. Neue, damit nicht übereinstimmende Informationen werden nicht verarbeitet oder so umstrukturiert, dass sie wiederum zu den bestehenden Schemata passen. Depressionen werden durch eine Rückkoppelung zwischen dem emotionalen Zustand und kognitiven Verzerrungen aufrechterhalten: Durch negative – oder subjektiv als negativ erlebte – Umweltsituationen wird die kognitive Triade aktiviert und bewirkt depressive Gestimmtheit, was wiederum als Beleg für die Richtigkeit der negativen Gedanken gewertet wird. Innere und äußere Stimuli – Gefühle und Umweltsituationen – werden also in gleicher Weise verzerrend verarbeitet und bewirken ein Anhalten der depressiven Symptome.

Becks Theorie, die hier stark verkürzt dargestellt wurde, enthält zwar keine expliziten Aussagen über Chronifizierung der Störung, doch bereits aus dem eben Ausgeführten ist erkennbar, wie ein solcher Verlauf entstehen kann: Der Erkrankte nimmt bevorzugt Negatives wahr, verzerrt das Positive bereits beim Wahrnehmen und/oder bei der kognitiven Verarbeitung, bis es ebenfalls zu seinen negativen Schemata passt, wird dadurch emotional noch gedrückter, erwartet auch nur noch Negatives, was sich im Sinne einer self-fulfilling prophecy dann auch immer wieder bestätigt und zu einer immer umfassenderen negativen Welt- und Selbstwahrnehmung führt.

Im Grunde stellt das Becksche Modell also eher eine Theorie der Chronifizierung als der Nicht-Chronifizierung dar, man fragt sich: Wenn diese Annahmen so zutreffen - wie gelingt es *überhaupt* einem Patienten, wieder gesünder zu werden? Müssten so nicht alle Depressionen chronisch werden? Den meisten Patienten muss es also möglich sein, diesen Teufelskreis zu durchbrechen. Genesen kann nach diesem Modell nur der Patient, dem es gelingt, seine kognitiven Schemata wieder zu verändern, sie wieder so

---

[1] zur ausführlicheren Darstellung der Theorie vgl. Sorgatz (1999) S.404ff

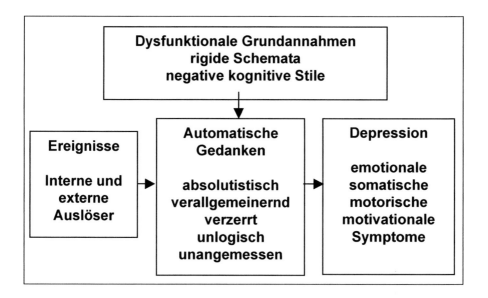

Abbildung 12: Depressionsmodell dysfunktionaler Schemata (aus: Hautzinger 1998, S.33)

zu gestalten, dass sie die Wirklichkeit selbstwertdienlicher abbilden (nicht zwangsläufig auch „realistischer": Wie man aus der Forschung zum sog. „depressiven Realismus" (Alloy et al. 1979, 1988) weiß, ist die Weltsicht des Gesunden im Vergleich zum Depressiven nicht unbedingt näher an der „Wirklichkeit", sondern in anderer – selbstwertdienlicherer Weise – verzerrt.). Da die meisten Depressionen aber irgendwann – mit Behandlung meist eher, ohne Behandlung meist später – doch abklingen, fragt man sich, wie es zu dieser Neugestaltung kommt bzw. was sie verhindern kann – denn damit hätte man Antworten auf *beide* Fragen: Bei wem klingt eine Depression wieder ab, bei wem wird sie chronisch?

Der Becksche „Weg aus der Depression" ist die kognitive Therapie, d.h., der Patient lernt im Verlauf der Behandlung, seine kognitiven Muster explizit wahrzunehmen und bewusst zu verändern – ein Prozess, der langen Übens und vieler Wiederholungen bedarf. Chronisch depressiv könnte ein Patient also dadurch werden, dass dieser Prozess misslingt, er also das therapeutisch notwendige Handeln aus welchen Gründen auch immer nicht umsetzen kann.

Ein weiterer Weg aus der Depression wäre, dass es dem Patient auf andere Art gelingt, seine Kognitionen zu ändern – sei es, dass er in einer anderen Art von Therapie zu dieser Fähigkeit gelangt, sei es, dass er im alltäglichen Leben mit Ereignissen konfrontiert wird, die ihm dies erlauben. Voraussetzung dazu wäre in jedem Fall, dass der Patient über die Fähigkeit verfügt, sein Denken zu verändern, dass er sich ein Minimum an kognitiver Flexibilität bewahrt hat. Vor diesem Hintergrund ist es interessant, dass Rigidität häufig als einer der Risikofaktoren für einen chronischen Verlauf genannt wird – die Unfähigkeit, sich gedanklich auf Neues einzulassen, eigene eingefahrene Überzeugungen in Frage zu stellen bzw. dazu in der Lage zu sein, zumindest hypothetisch ein anderes Bild der Welt gedanklich zuzulassen.

Becks Modell hat die Vorstellungen über Entstehung und Aufrechterhaltung von Depressionen außerordentlich befruchtet und eine Vielzahl von Forschungen und Untersuchungen wie auch darauf aufbauende Theorien angeregt. Neuere Untersuchungen zum Zusammenhang Emotion - Kognition (vgl. dazu und zum Folgenden Schaller et al. 2001, S.S27) deuten darauf hin, dass der Ablauf ein umgekehrter sein kann: Nicht dysfunktionale Kognitionen lösen negativ getönte Stimmungen aus, sondern: In depressiven Stimmungen kommt es zu einer Aktivierung negativer Gedächtnisinhalte und Denkschemata. Die betroffene Person lernt, zwischen Emotionen und Kognitionen Zusammenhänge herzustellen. Normale Gefühlsschwankungen führen dann dazu, dass die Selbstschutzmechanismen, über die Gesunde verfügen, versagen – es kommt zu den von Beck beschriebenen Verzerrrungen in Wahrnehmung und Informationsverarbeitung.

Dieser Ablauf lässt sich gut in Einklang bringen mit der Theorie semantischer Netzwerke: Wenn eine Person in gedrückte Stimmung kommt, werden negative Erinnerungsstrukturen aktiviert. Diese Aktivierung greift über auf ähnliche Areale, weitere negative Erinnerungen treten ins Bewusstsein, was wiederum die negative Stimmung aufrechterhält (Bowers 1981, zit. nach Lara et al. 1999).

Auf diese These aufbauend postuliert Teasdale (1983, 1988, zit. nach Lara et al. 1999) einen Teufelskreis zwischen negativen Erinnerungen, traurigen Emotionen und negativistischer Interpretation neuer Erfahrungen, wodurch eine überdauernde depressive Verfassung entstehe. Er stellt die Hypothese auf, dass bei chronisch Depressiven viele der frühen Erfahrungen aversiv und/oder unkontrollierbar gewesen seien oder so erinnert würden. Mit Beginn der Depression würden diese Erinnerungen leichter abrufbar als glückliche. Zudem sei auch das Erleben der depressiven Symptome aversiv und aktiviere wiederum depressive Konstrukte, die Betroffenen würden „depressiv über ihre Depressionen" (Teasdale 1985, zit. nach Lara et al. 1999).

Susan Nolen-Hoeksemas Theorie (nach Lara et al. 1999) geht näher darauf ein, *wie* die Reaktion einer Person auf ihre depressive Stimmung ihre Dauer mitbeeinflusst: Besonders das Grübeln über die Depression sei eine Reaktionsart, die die Dauer einer depressiven Episode verlängere: Personen, die ihre Aufmerksamkeit auf ihre (depressive) Stimmung, ihre depressiven Symptome und die Gründe oder Folgen der Depression gerichtet halten, haben eine größere Wahrscheinlichkeit, die depressive Stimmung aufrechtzuerhalten als Menschen, die sich von ihren Problemen ablenken. Grübeln erweist sich dabei als ungünstige Bewältigungsstrategie, v.a. wenn es die aktive Auseinandersetzung mit Problemen oder positiv getönte Ablenkung verhindert und zu Passivität führt und wenn es mit negativer Selbstaufmerksamkeit einhergeht. Außerdem scheinen „Grübler" über weniger gute Problemlösefähigkeiten zu verfügen, sodass sie wiederum auch weniger verstärkende Erfahrungen machen können, indem sie Schwierigkeiten erfolgreich bewältigen.

Obwohl auch diese Theorie sowohl methodische als auch inhaltliche Kritikpunkte aufweist, ist der Gedanke dennoch naheliegend, dass gerade auch die Reaktion auf eine depressive Erkrankung seitens des Betroffenen, die Versuche, die Krankheit zu bewältigen, eine immens wichtige Rolle dabei spielen, ob und wie eine Depression abklingt oder nicht. Die Coping-Forschung, also die Untersuchung der Art und Weise, wie Menschen mit Belastungen umgehen, hat zahlreiche Ergebnisse erbracht, die in diesem Zusammenhang von Interesse sind. Bewältigung stellt einen entscheidenden Moderator zwischen Belastung und Gesundheitszustand dar.

Problemlösezentriertes und positives Umdeuten werden als weitgehend positiv eingestuft, eskapistische Strategien wie Wunschphantasien, Alkohol/Tabletten und Selbstbeschuldigung/Selbstabwertung in empirischen Studien als überwiegend negativ, was mit der oben ausgeführten Theorie konform ginge (Literaturübersicht bei Weber 1992, zit. nach Laux 1991).

In eine ähnliche Richtung weisen die Ergebnisse von reaktanztheoretischen Untersuchungen zur sog. Lageorientierung: Nichtkontrollerfahrungen wirken zunächst eher aktivierend. Ist die Person eher lageorientiert, d.h. beschäftigt sie sich eher mit ihrem Zustand und mit den Schwierigkeiten der Situation als mit dem, was sie zur Lösung des Problems tun könnte, so können diese Kognitionen handlungsblockierend wirken, die Person verhält sich hilflos-depressiv (Hautzinger 1998, S.31f).

Erfolgreiche Therapie könnte somit auch umschrieben werden als die Vermittlung hilfreicherer Coping-Strategien und Anleitung zum Ver-Lernen maladaptiver Bewältigungsarten. Mit anderen Worten: Die Gefahr, chronisch depressiv zu werden, steigt

- mit der Unkenntnis von hilfreichen Coping-Strategien gegenüber den Symptomen, den Belastungen durch und den Folgen der Krankheit, und/oder
- mit der mangelnden Fähigkeit, solche zu verstehen und erlernen und/oder
- mit der Unfähigkeit, diese anzuwenden.

Ein zweites grundlegendes Modell zur Entstehung und Aufrechterhaltung von Depressionen ist die Theorie der gelernten Hilflosigkeit nach Seligman (1975) und deren Reformulierungen.

Gelernte Hilflosigkeit bedeutet, dass eine Person lernt, dass ihre Reaktionen unabhängig von Verstärkungen sind – die Ursache von Depressionen liegt in der Überzeugung, dass Reagieren zwecklos ist (Seligman 1995). Ist diese Überzeugung einmal etabliert, ist es dem Betroffenen nicht mehr möglich, eigene Kontroll- und Handlungsmöglichkeiten adäquat wahrzunehmen, d.h. ihm erscheinen auch Situationen nicht kontrollierbar und beeinflussbar, die es an sich wären, er entwickelt die *Erwartung,* dass er sie nicht kontrollieren kann. Er wird zunehmend passiv und kann so keine gegenteiligen Erfahrungen mehr machen.

Auch hier wird deutlich, wie Depressionen über längere Zeit aufrechterhalten werden können, auch hier ist die Frage, wie sie wieder abklingen: Die Person muss innerhalb oder außerhalb der Therapie die Erfahrung machen *und* diese Erfahrung auch adäquat wahrnehmen und verarbeiten, dass es einen Zusammenhang zwischen ihrem Tun und der Auftretenswahrscheinlichkeit von aversiven wie auch angenehmen Ereignissen besteht. Hat sie aus Passivität oder wegen widriger Umweltumstände keine Gelegenheit, solche Erfahrungen zu machen, oder ist sie nicht in der Lage, geeignete Erfahrungen wahrzunehmen oder adäquat zu verarbeiten, wird sie nach dieser Theorie depressiv bleiben. Auch hier fällt wieder auf, welch wichtige Rolle kognitive Prozesse, angefangen bei der Wahrnehmung bis hin zu den schließlich abgeleiteten Grundannahmen über die Welt (hier: deren Kontrollierbarkeit bzw. Unbeeinflussbarkeit) spielen.

Die dritte entscheidende Modellvorstellung zur Depressionsgenese und -aufrechterhaltung ist Lewinsohns Verstärkerverlusttheorie (1974, vgl. dazu und zum Folgenden Hautzinger et al. (1998), Hautzinger (1998)).

Sie sieht Depressionen in einer zu geringen Rate positiver Verstärkung begründet. Grund dafür kann dreierlei sein:

1. die Anzahl von Ereignissen, die potentiell Verstärkerwert haben – abhängig u.a. von soziodemographischen Variablen wie dem Geschlecht, dem Alter, den sozialen Rahmenbedingungen wie der finanziellen Situation, sozialen Isolation, etc.;
2. die Menge der Verstärker, die derzeit erreichbar sind;
3. die sozialen Fertigkeiten der Person, d.h., ihre Fähigkeit, sich so zu verhalten, dass sie dafür verstärkt wird;

Depressive erhalten also weniger Verstärkung als Gesunde. Das dadurch hervorgerufene depressive Verhalten wird kurzzeitig von den Interaktionspartnern verstärkt, da sich diese zuwenden, Interesse und Sorge zeigen (C^+), und dadurch die Einsamkeits- und Unverstandenseinsgefühle des Depressiven kurzfristig lindern (C^-). Fatalerweise schlägt dieses Verhalten oft ins Gegenteil um, wenn die Angehörigen erleben, dass ihr Zuwenden, Sichkümmern und Helfenwollen nicht den beabsichtigten Effekt erbringt: Der Kranke lässt sich nicht „trösten", es geht ihm nicht besser, er scheint die angebotenen Hilfsangebote zu verschmähen. Die Interaktionspartner reagieren daraufhin mit Vorwürfen und/oder Rückzug – also mit weiterem Entzug sozialer Verstärkung. Der Patient intensiviert daraufhin in Ermangelung anderer, hilfreicherer interaktioneller Muster sein depressiv-appellatives Verhalten, was in einen Teufelskreis mündet, da sich die Angehörigen davon noch mehr belastet fühlen und nicht mehr stützend reagieren können, sondern sich zurückziehen und abwenden bzw. sogar tatsächlich ablehnend und feindselig reagieren (vgl. dazu auch Exkurs zur Angehörigenarbeit bei (chronisch) depressiv Kranken). Ergänzend kann hier die „Selbstbestätigungshypothese" (vgl. Schaller et al. 2001, S. 27) angewandt werden: Depressive neigen einerseits dazu, sehr empfindsam auf Bewertungen anderer zu reagieren und dabei negative Bewertungen anderer über sich für plausibler zu halten; sie suchen sich zudem als Interaktionspartner eher solche Menschen, die ihre negativen Selbsteinschätzungen bestätigen oder die sie ablehnen.

Obwohl die oben beschriebene Theorie zur Depressionsentstehung durch Verstärkerverlust nicht empirisch bestätigt werden konnte, wurden viele Belege für die Tatsache gefunden, dass Depressive weniger Verstärkung erhalten als andere und dass sich depressives Verhalten auf die Interaktion zwischen Krankem und seiner Umwelt auswirkt wie ausgeführt.

Zur Theorie der Aufrechterhaltung von Depressionen, also ihrer Chronifizierung trägt sie insofern bei, als sie die Bedeutung der *Folgen* depressiven Verhaltens auf die zwischenmenschliche Interaktion aufzeigt: Das Gefühl, ungeliebt, nichts wert und abgelehnt zu sein, ist ein wichtiger aufrechterhaltender Faktor für die Störung – und hier wird deutlich, was der Kranke in der Interaktion selbst dazu beiträgt, diesen Zustand herbeizuführen. Wege aus der Depression wären somit darin zu suchen,

- dass der Kranke erkennt, welchen Beitrag er selber leistet, um andere auf Distanz zu sich zu bringen – was die Gefahr in sich birgt, sich hierfür Vorwürfe zu machen („Jetzt bin ich auch noch selber schuld, dass alle mich ablehnen.") – ,
- dass es ihm gelingt, andere Verhaltensweisen als depressiv-appellative zu erlernen und/oder zu zeigen und
- dass das Umfeld in der Lage und willens ist, darauf einzugehen und sich nicht schon resignativ abgewendet hat.

Im Umkehrschluss: Chronisch kann eine Depression dann werden,

- wenn der Kranke seinen eigenen Anteil nicht annehmen kann (hier spielt wieder die oben bereits angeführt Flexibilität bzw. Rigidität eine Rolle, sowie das Zulassenkönnen eigener Verantwortung an der Erkrankung, ohne übergroße Schuldgefühle zu entwickeln),
- wenn er nicht in der Lage ist, neue, hilfreichere Verhaltensweisen zu erlernen und/oder zu zeigen, die ihm soziale Verstärkung einbringen und
- wenn das soziale Umfeld nicht in der Lage und willens ist, sich dem Kranken erneut zuzuwenden und mit ihm ein neues Miteinander aufzubauen.

Weitere kognitiv-verhaltenstherapeutischen Modelle beziehen sich auf die „attributionale Komplexität" (Hautzinger 1998, S.31): Weniger schwere depressive Verstimmungen führten demnach dazu, dass die Person nach komplexeren Ursachenerklärungen für Misserfolge oder Nichtkontrolle suche, schwerere Depressionen dagegen führten dazu, dass die Komplexität abnehme und am Ende „zusammenbreche".

Die referierten Theorien lassen sich vereinfacht wie folgt zusammenfassen (Abbildung 13):

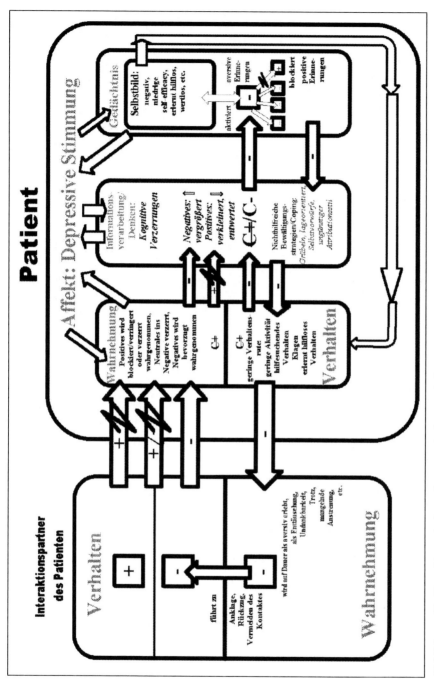

Abbildung 13: Kognitiv-verhaltenstherapeutische Modelle

81

Aus dem *Verhalten der Umwelt* nimmt der Patient bevorzugt das Negative wahr, Neutrales und Positives wird entweder nicht wahrgenommen oder derart verzerrt, dass es nicht positiv oder sogar negativ erlebt wird. So kommt es zu einer niedrigen Rate an positiver Verstärkung. Die depressive Stimmung wird dadurch verstärkt.

Bei der *Informationsverarbeitung* kommt es zu ähnlichen Verzerrungen: Negatives wird „vergrößert", Positives „verkleinert" bzw. entwertet, sodass auch auf dieser Ebene weniger positive Verstärkung erlebt wird.

Die wahrgenommenen Belastungen werden mit nicht hilfreichen Bewältigungsmechanismen verarbeitet wie Grübeln, lageorientierte Strategien, Selbstvorwürfe und mittels ungünstiger Attributionsstile (d.h. die Ursachenzuschreibung für Misserfolge/Nichtkontrolle wird so vorgenommen, dass sie zu einem negativen Selbstbild beiträgt).

Dies wiederum führt zu einer geringeren *Verhaltensrate*, da die erwähnten Strategien eine Handlungsblockierung bewirken. Die geringe Aktivität verringert die Menge der Gelegenheiten, bei denen der Patient gegenteilige Erfahrungen machen könnte, die Möglichkeit zu positiver Verstärkung sinkt auch hier.

Verhaltensweisen wie Hilfesuchen, Klagen, erlernt hilfloses Gebaren führt zunächst zwar zu einer Zuwendung der Umwelt, auf längere Sicht aber erlebt das Umfeld dieses Verhalten als aversiv, enttäuschend, undankbar, trotzig oder unterstellt dem Patienten mangelnde Anstrengungsbereitschaft. Es reagiert mit Anklage, Rückzug oder Vermeidung des Kontaktes, was wiederum vom Patienten in der oben erwähnten Weise aufgenommen und interpretiert wird – ein Teufelskreis entsteht.

Intrapsychisch werden durch die genannten Wahrnehmungs- und Informationsverarbeitungsverzerrungen vornehmlich aversive *Gedächtnisinhalte* aktiviert, die wiederum ähnlich getönte Erinnerungen aufrufen, der Zugriff auf positive Inhalte wird verringert oder blockiert.

Dies trägt weiter bei zu einer Negativierung des Selbstbildes, der Patient erlebt sich als wertlos, schreibt sich eine geringe Selbstwirksamkeit (*self-efficacy nach* Bandura 1977) zu – d.h. er hat den Eindruck, dass er wenig oder nichts be-wirken kann – und entwickelt bzw. verstärkt sein erlernt hilfloses Selbstkonzept.

Dies wirkt zurück auf die Verhaltensebene: Aufgrund der Überzeugung, den Lauf der Dinge nicht oder nicht zum Positiven hin beeinflussen zu können, sinkt auch durch diese Rückkoppelung die Verhaltensrate mit den oben genannten Konsequenzen auf Verhalten und Umwelt, sowie mit ähnlich negativen Folgen auf die Informationsverarbeitung und von dort aus wiederum auf Gedächtnis und Selbstbild.

Sowohl Wahrnehmung als auch Informationsverarbeitung und Gedächtnisprozesse werden also vom *depressiven Affekt* beeinflusst und beeinflussen ihn wiederum negativ: Die zum depressiven Pol hin ausgelenkte Stimmung bleibt also in einem Teufelskreis aufrechterhalten, die Depression kann chronisch werden.

5 Behandlung

Biologische, psychodynamische (hier neutral gemeint und sowohl lerntheoretische wie auch tiefenpsychologisch-psychoanalytische Ansätze umfassend) und psychosoziale Überlegungen bestimmen heute das therapeutische Procedere bei depressiv Kranken. Biologische Behandlung geht von der Krankheit Depression und unserem Wissen um neurobiologische Störungen im zentralen Nervensystem aus – z. B. Serotonin- und/oder Noradrenalin-Mangelhypothese der Depression –, welche den Einsatz von Antidepressiva, aber auch von anderen (nicht-psychopharmakologischen) biologischen Therapien wie Lichttherapie oder Schlafentzug legitimieren. Psychotherapie geht von psychodynamischen, d. h. lebensgeschichtlich-biographischen und lerntheoretisch-kognitiven Modellen aus, von Modellen des Zusammenhanges zwischen lebensgeschichtlich erworbener affektiv-kognitiver Binnenstruktur einer Persönlichkeit und dem Erleben, Wahrnehmen, Bewerten aktueller Ereignisse (Wechselwirkung Persönlichkeit-Lebensbelastungen). Am meisten werden (mit oder auch ohne differenzielle Indikation) tiefenpsychologisch fundierte Psychotherapie, Verhaltenstherapie bzw. kognitive Verhaltenstherapie oder Interpersonelle Psychotherapie eingesetzt. Psychosoziale Modelle integrieren dabei Faktoren der sozialen Situation, z. B. der aktuellen Arbeitswelt, der Berufssituation, der Lebensgeschichte, der derzeitigen sozialen Unterstützung, und leiten daraus Psychoedukation zur Vermeidung bzw. Bewältigung negativer Umweltfaktoren (z. B. durch Einbeziehung des sozialen Umfeldes, Arbeit mit Angehörigen und Familie) ab.

Grundsätzlich sind folgende Aspekte noch zu beachten:

1) Der Ort der Behandlung: Ca. 80% aller depressiv Kranken werden ambulant behandelt, die Hälfte davon beim Hausarzt, die andere Hälfte beim Arzt für Psychiatrie und Psychotherapie/Arzt für Psychiatrie/Nervenarzt, beim ärztlichen und/oder psychologischen Psychotherapeuten. 20% etwa werden in Kliniken für Psychiatrie und Psychotherapie (Fachkrankenhäuser, Abteilungen) therapiert bzw. zur Rehabilitation in eine Klinik für Psychosomatik/Psychotherapeutische Medizin (nicht geeignet zur Akutbehandlung, nur Rehabilitation im engeren Sinne) geschickt. In den deutschen Fachkrankenhäusern für Psychiatrie und Psychotherapie, derzeit 166, gibt es inzwischen über 80 Spezialstatio-

nen für depressiv kranke Menschen, sog. Depressionsstationen (Übersicht s. Wolfersdorf 1997).

2) Der Verlauf der depressiven Erkrankung bzw. der Behandlungsphasen: Akutbehandlung (Behandlung der akuten Episode), Erhaltungstherapie (Verschlechterungs- und Rückfallprophylaxe); Langzeittherapie (Wiedererkrankungsprophylaxe bzw. Verschlechterungsprophylaxe bei chronischen Verläufen).

Die Phase der Akuttherapie dauert im Wesentlichen 4 – 6 Monate, die Phase der Erhaltungstherapie weitere 4 – 6 Monate, so dass insgesamt für eine Akutbehandlung einer üblich verlaufenden depressiven Episode 8 – 12 Monate zu veranschlagen sind. Die Langzeittherapie kann dann, wenn sie mit einem Phasenprophylaktikum geschieht, sozusagen lebenslang gehen. Wenn sie als Langzeitbehandlung mit einem Antidepressivum erfolgt, denkt man derzeit an mindestens 3, eher an 5 und mehr Jahre.

5.1 Grundzüge der Depressionsbehandlung heute

Abb. 14 zeigt ein Schema der heutigen Depressionsbehandlung mit den drei Säulen, wie sie für Akuttherapie mit unterschiedlichen Schwerpunkten und natürlich auch für die Langzeittherapie einzusetzen sind. Die Säule der Psychotherapie und der verwandten Verfahren, die Säule der biologischen Therapien, die Säule der Soziotherapien, um diese Schlagworte zu verwenden, fundieren auf einer Basis, die sich als hilfreich gestalteter Umgang mit förderlichen, aktivierenden sowie fürsorglichen Elementen gestaltet. Diese bzw. ihre Verwirklichung im Umgang mit dem Patienten lassen sich auch als allgemeine Wirkfaktoren jeglicher Form von Psychotherapie und damit bereits als „psychotherapeutisch im weiteren Sinne wirksam" bezeichnen. Die psychotherapeutisch orientierten Grundregeln im Umgang mit Depressiven („psychotherapeutisches Basisverhalten", z. B. Wolfersdorf 1992) sind in Tab. 23 aufgelistet und im Grunde genommen unabhängig von Form und Phase einer depressiven Erkrankung. Hier geht es um fürsorglich-schützende Elemente, um Fragen des vertieften inneren Verstehens und der Herstellung einer emotional tragfähigen Beziehung zwischen Therapeut und Patient. Es geht um die Vermittlung eines plausiblen Krankheitskonzeptes und eines daraus ableitbaren Therapiekonzeptes, womit Hoffnung, Entlastung, Hinweis auf Zukunft und Behandelbarkeit, damit auch Schutz vor Suizidalität verbunden sind.

Psycho-therapie	Biologische Therapien	Soziotherapie
❖ Einzelgespräche ❖ Gruppentherapie ❖ Selbstsicherheits-training ❖ Aktivierungs-gruppen ❖ Entspannung ❖ Gestaltung ❖ erlebnisorientierte Therapien (Musik, Kunst, Theater)	❖ Antidepressiva ❖ Phasenprophylaxe, „mood stabilizer" ❖ Sport und Bewegung, Gymnastik ❖ Schlafentzug ❖ Lichttherapie	❖ Angehörigen-gruppe/-arbeit ❖ Sozialarbeit ❖ Psychoedukation ❖ Leistungsdiagnostik ❖ Ergotherapie ❖ Belastungstraining ❖ Wiederein-gliederungshilfe ❖ Selbsthilfegruppe ❖ SPDi

Basis: hilfreicher Umgang, förderndes Milieu, Fürsorge, Aktivierung

Abbildung 14: Depressionsbehandlung heute

Tabelle 23: Einige psychotherapeutisch orientierte Grundregeln zum Umgang mit Depressiven

- **Emotionale Wärme, akzeptierende Wertschätzung**
- **Bedingungsfreies aktives Zuhören und Anhören**
- **Beruhigende Versicherung, Stützung**
- **Schutz vor Suizidalität, Betonung der Lebenskontinuität**
- **Vermittlung von Hoffnung**
- **Gezielte Entlastung**
- **Begrenzte Beachtung bzw. gezielte Nichtbeachtung depressiven Verhaltens**
- **Wechsel von der Symptomebene zur Lebenssituation**
- **Realitätsüberprüfung**
- **Anregung zu Aktivität, Eigenverantwortung**
- **Anforderungen und positive Verstärkung**
- **Anregung zur Änderung depressionsfördernder Lebensbedingungen**

Vor diesem Hintergrund lassen sich als Grundorientierung der Behandlung depressiv Kranker folgende Schlagworte formulieren:

Therapie muss sein beziehungsorientiert und verlässlich (Beziehungsarbeit, Psychotherapie); sie muss sein symptombezogen, d. h. ausgerichtet auf eine Minimierung des Leidens; sie muss sein aktivierend, d. h. Anforderung, Anspannung, nicht jedoch Über- oder Unterforderungen enthalten; sie muss personenbezogen sein, d. h. die spezifischen Charakteristika des Patienten, sein Alter, Geschlecht, seine Berufstätigkeit, Eigenheiten und sonstiges einbeziehen; sie muss selbstwertbezogen sein, d. h. das Ich des Betroffenen, das Gefühl von sich selbst, ein Selbstverständnis und Wertgefühl fördernd, wertschätzend und einbeziehend sein. Therapie muss sein rehabilitativ, d. h. sie muss die Wiederherstellung der Arbeits- und Erwerbsfähigkeit zum Ziel haben. Weitere Grundprinzipien sind interaktionell psychosoziale Ausrichtung, d. h. das jeweilige Lebensfeld einbeziehend, und Wiedererkrankungsfaktoren vermeidend, d. h. rezidivprophylaktisch-psychoedukativ. Aus einer psychotherapeutischen Sichtweise muss Behandlung depressiv kranker Menschen auf das Erkennen und Akzeptieren der eigenen Lebensgeschichte ausgerichtet sein, d. h. biographisch-tiefenpsychologisch bzw. -lerntheoretisch verstehend, und muss letztendlich auch veränderungsorientiert bzw. zu Veränderung motivierend, im Sinne von „anti-depressiogen" verändernd sein. Das sind natürlich eine Reihe von Schlagwörtern, die jedoch in aller Kürze versuchen, das zu benennen, was uns heute in der therapeutischen Arbeit mit depressiv Kranken bedeutsam ist.

Man muss sich zum besseren Verständnis noch einmal psychodynamisch wichtige Aspekte der Depression bzw. der depressiv Kranken, wie sie heute in die ambulante und stationäre Therapie einfließen, verdeutlichen: hoher Zuwendungsbedarf, ein instabiles Selbstwertgefühl, ein negatives Selbstbild, Hoffnungslosigkeit sowie Gefühle des Versagens und der Schuld, zentrale Angst vor dem Verlust der Beziehung anderer, vor Trennung und Distanzierung. Die angewandten Vermeidungsstrategien von Angst und Unlust sind dann Überanpassung und Verschmelzung, Symbiose, Autoritätsgläubigkeit, Aggressionshemmung und überstarke Erwartungen an andere. Manifestiert sich eine derartige Grundeinstellung als langfristiges kognitives Muster bzw. als affektiv-kognitive Binnenstruktur bei einem Menschen, liegt das vor, was wir als „chronische Depression" oder chronisch depressives Denken/Erleben bezeichnen.

Einige der allgemeinen psychotherapeutisch orientierten Ansätze für die Gestaltung einer hilfreichen Interaktion zwischen Therapeut und Patient sind oben sowohl bei der Diskussion der psychologischen Konzepte von Depression als auch bei der Vorstellung des psychotherapeutischen Basisverhaltens bereits benannt worden. Tab. 24 gibt noch einige Aspekte der psychotherapeutischen Gesprächsführung mit depressiv Kranken vor einem tiefenpsychologischen Hintergrund wieder.

Der kurz- bzw. langfristige Verlauf einer Depression wird weiterhin beeinflusst durch eine adäquate Behandlung, die auf eine ausreichende Symptombesserung der aktuellen Depression abzielt, durch eine adäquate Erhaltungs- und Langzeitprophylaxe (medikamentös, psychotherapeutisch, soziotherapeutisch), eine adäquate Therapie vorhandener körperlicher Erkrankungen sowie psychiatrischer Komorbidität, durch Hilfe bei der Stabilisierung des Selbstwertgefühles, durch eine positiv erlebte Partnerschaft, durch das Vorhandensein einer unterstützenden Beziehung (die nicht nur in der eigenen Partnerschaft und Familie, sondern auch im therapeutischen Rahmen, im Bereich von Selbsthilfe oder andernorts zu finden ist), sodann durch die Unterstützung durch ein soziales Netzwerk und die Hilfe bei der Bewältigung objektiv gegebener Belastungen im Arbeits- und Lebensbereich, die Unterstützung beim Erwerb sozialer Kompetenz, die Unterstützung bei der Bewältigung aktueller Belastungen und die Hilfe bei der Veränderung depressiogener Denkschemata bzgl. der eigenen Person, Vergangenheit, Leistung und Zukunft (s. dazu auch oben die Faktoren, die den kurz- und langfristigen Verlauf beeinflussen).

Tabelle 24: Einige Aspekte der psychotherapeutischen Gesprächsführung mit Depressiven (vor einem tiefenpsychologischen Hintergrund)

ÄUSSERER RAHMEN:

- entspannte Atmosphäre, regelmäßige, verbindliche Termine; begrenzte, aber ausreichende Zeit

METHODIK:

- klientenzentrierte Beziehungsgestaltung, tiefenpsychologisches Verständnis, Verwendung kognitiver Elemente (two-stage-treatment, Sicherung vitaler Bedürfnisse vorrangig)
- psychotherapeutische Behandlungssequenz im Verlauf:
  - Empathische Identifikation (Akzeptanz, Nähe, Verständnis für Zulassen von Klage, stellvertretende Hoffnung, Stützung),
  - Bewusstmachen (Anschauen was ist, Realitätsüberprüfung, Situationsbeschreibung),
  - Konfrontieren (eigene Anteile, eigenes Verhalten, Interaktion),
  - Durcharbeiten (an der aktuellen Realität immer wieder besprechen).

WICHTIGE GRUNDTHEMEN:

- Verlust und Existenzbedrohung, Enttäuschung und Sich-nicht-wehren-dürfen
- orale und narzisstische Wünsche, Abhängigkeit, Ablösung, Autonomie
- Leistung und Selbstwert, Versagen und Schuldgefühl
- Hilflosigkeit und Hoffnungslosigkeit
- psychophysische Befindlichkeit
- aktuelle Verlust- und Trauerthematik
- chronische Verlustthematik
- lebensgeschichtliches „zu kurz gekommen sein" (orale Thematik)
- Selbstwertproblematik, Bedürfnis nach Anerkennung
- depressives Verhalten langfristig ineffektiv und antikommunikativ
- dysfunktionales depressives Denken und Bewerten, usw.

Ziele von Therapie sind Symptombesserung, Wiedererlangung der Arbeitsfähigkeit, Verbesserung von Beziehungsfähigkeit, aber auch Verhütung von
erneuter Verschlechterung bzw. Wiedererkrankung und Chronifizierung,
dann Verhütung von Suizidalität und Umsetzung von Suizidideen in suizi-

Tabelle 25: Tertiärprävention bei Depression

Bereich	Präventiver Ansatz
Verhütung von Wiedererkrankung	• Langzeittherapie mit Antidepressiva (psychopharmakologisch)
	• Verschlechterungsprophylaxe
	• Phasenprophylaxe (z. B. Lithium, Valproat, Carbamazepin, Lamotrigen)
	• Psychotherapie (Langzeit, niederfrequent)
	• Psychoedukation Angehörigenarbeit/Paar-, Familientherapie
	• soziales Netz, soziale Unterstützung
	• Bereinigung von chronischen Belastungen und negativen Lebensbedingungen
	• Selbsthilfegruppen

Tabelle 26: Soziotherapie bei Depression (Beispiele)

• **Psychoedukation, Angehörigenarbeit (Pat., Angehörige):
Krankheitsbewältigung, Rezidivprophylaxe**

• **Sozialarbeit: Bewältigung chronischer Belastungen, Arbeitsplatzprobleme,
Berentung (EU)**

• **Fürsorge für alte depressiv Kranke:
Alten(pflege)heimplätze, Gesundheitsfürsorge, ambulant psychiatrische
Pflege, „Essen auf Rädern", Kontaktdichte**

• **Sozialtraining: stationär, ambulant,
Selbstversorgung u. ä., Finanzen**

dale Handlung. Wobei die Einsicht in das Zusammenwirken der eigenen Persönlichkeit mit Belastungsfaktoren und dem daraus Entstehen einer Depression sowie die Einsicht in die Notwendigkeit, eigene depressiogene Denk-, Verhaltens- und Erlebnisweisen zu modifizieren, bereits ein hoher Anspruch an Therapie ist. Symptombesserung, Arbeitsfähigkeit und Verhinderung von Wiedererkrankung bzw. von Chronifizierung sind für viele Menschen wichtige (und gute) Ziele. Die hierzu gehörigen tertiärpräventiven Ansätze bei der Depression sind in Tab. 25 und 26 zusammengefasst (vgl. dazu auch Kapitel 10. Soziotherapeutische Maßnahmen!).

Man kann also zusammenfassen: Depressionsbehandlung ist heute die Behandlung eines Menschen mit einer genetisch-biographisch vorgegebenen und lebensgeschichtlich erworbenen Disposition zur Dekompensation in depressive Symptomatik bei Belastungssituationen und Entwicklungsanforderungen aus dem Umfeld. Diese Disposition/Vulnerabilität führt seltener, und dann in eindeutigem Zusammenhang mit einem nicht wiederholbaren Ereignis, zu einer einmaligen depressiven Episode, sondern geht beim Großteil der depressiv disponierten Menschen eher mit Wiedererkrankungen im Sinne der rezidivierenden depressiven Störung einher bzw. führt bei einem Viertel bis einem Fünftel der Patienten zu einer anhaltenden, länger dauernden depressiven Störung im Sinne der chronischen Depression. Von daher ist Depressionsbehandlung heute „Langzeittherapie", die mindestens 1 Jahr, am besten aber 3 Jahre umfassen sollte und bei bereits rezidivierender bzw. chronisch vorhandener Depressivität noch längerfristiger angelegt sein muss.

5.2 Anmerkung zu Antidepressiva und sog. Therapieresistenz

Die Geschichte der Antidepressiva ist noch nicht ganz 50 Jahre alt und sie beginnt mit der Entdeckung des ersten zyklischen Antidepressivums Imipramin, dem rasch eine Reihe tri- und tetrazyklischer Antidepressiva gefolgt sind. Derzeit verfügen wir über neuere oder die sog. dritte Generation von Antidepressiva, die, beginnend mit den selektiven Serotonin-Wiederaufnahmehemmern (SSRI), heute deutlich verträglicher, insbesondere hinsichtlich ihrer Nebenwirkungen, und sozial akzeptabler, „da man es mir nicht mehr ansieht" (Anmerkungen eines Patienten), sind.

Man unterscheidet 5 Gruppen von Antidepressiva:

1) die klassischen tri- und tetrazyklischen Antidepressiva (TZA/TeZA) z. B. Amitriptylin, Clomipramin, Doxepin oder Trimipramin;
2) die Monoaminooxidase-Hemmer (MAOH), hier das irreversible und unselektive Tranylcypromin (welches kaum mehr verwendet wird wegen des hohen Nebenwirkungsrisikos) bzw. die neuere Substanz Moclobemid (RIMA: reversibel, selektiv);
3) die selektiven Serotonin-Wiederaufnahme-Hemmer (SSRI), z. B. Fluvoxamin, Fluoxetin, Paroxetin, Citalopram, Sertralin;
4) die selektiven Noradrenalin-Wiederaufnahme-Hemmer (von TZA/TeZA als ältere Desipramin und Maprotilin, als neue Substanz Reboxetin);
5) die neuen Antidepressiva mit dualem oder spezifischem Wirkprinzip (Venlafaxin, Mirtazapin).

Alle Antidepressiva wirken stimmungsaufhellend (thymoleptisch). Manche dämpfen anfangs (sedierend) und sind angstlösend (anxiolytisch), andere aktivieren eher und steigern den Antrieb, weitere stehen dazwischen, sind also antriebsneutral. Alle Antidepressiva können oral eingenommen werden; Infusionen mit Antidepressiva sind grundsätzlich möglich, meist aber nicht nötig. Intramuskuläre Injektionen von Antidepressiva erscheinen uns nicht angebracht. Antidepressiva sollen einschleichend über 3 – 5 Tage bis zur therapeutisch wirksamen Dosis eingenommen werden, sedierende Antidepressiva abends, aktivierende morgens. Eine Sedierung tritt rasch ein, ebenso eine Besserung von Schlafstörungen und Unruhe bei sedierenden Antidepressiva. Die stimmungsaufhellende Wirkung i. e. S. benötigt eine sog. Wirklatenz von 10 bis 14 Tagen, manchmal auch bis zu 3 Wochen, bis sie eintritt. Nebenwirkungen sind lästig, aber selten bedrohlich. Die meisten Nebenwirkungen schwinden nach mehreren Wochen. Wichtig sind dabei mögliche Beeinflussungen des Herzrhythmus, Sedierungen und damit Verschlechterung der Reaktionszeit, Mundtrockenheit oder auch sexuelle Störungen, gastrointestinale Störungen, Kopfschmerz oder innere Unruhe. Nebenwirkungen sollten immer mit dem behandelnden Therapeuten besprochen bzw. von diesem von sich aus abgefragt werden. Antidepressiva müssen ausreichend dosiert und lange genug in therapeutischer Dosis eingenommen werden: 4 – 6 Monate Akutbehandlung plus 4 – 6 Monate Verschlechterungs- und Rückfallprophylaxe, also 8 – 12 Monate insgesamt.

Antidepressiva lindern die akuten Depressionssymptome; sie bessern bzw. stabilisieren die Stimmung, sie dämpfen Unruhe und Getriebenheit bzw. lösen Antriebslosigkeit und Hemmung; sie sind angstlösend, führen Schlaf, Appetit und Entspannung herbei, wirken förderlich auf Libido und

Tabelle 27: Antidepressiva – klinische Aspekte – Auswahl

SUBSTANZ/ MARKTNAME	KLINISCHER SCHWERPUNKT	TAGESDOSIS mg/die
Amitriptylin (TZA) (z.B. Saroten[R])	agitiert-ängstliche Syndrome, sed.	75-225
Doxepin (TZA) (z.B. Aponal[R])	agitiert-ängstliche Syndrome, sed.	100-400
Trimipramin (TZA) (z.B. Stangyl[R])	agitiert-ängstliche Syndrome, sed.	100-400
Clomipramin (TZA) (z.B. Anafranil[R])	gehemmt-apathische Syndrome, akt.	75-225
Maprotilin TeZA) (z.B. Ludiomil[R])	agitiert-ängstl. vegetative Syndrome, leicht sed.	75-225
Paroxetin (SSRI) (z.B. Seroxat[R])	alle depressiven Syndrome, Zwang, Panikstörung	20-60
Citalopram (SSRI) (z.B. Cipramil[R])	alle depressiven Syndrome	20-60
Sertralin (SSRI) (z.B. Zoloft)	alle depressiven Syndrome	50-200
Fluoxetin (SSRI) (z.B. Fluctin[R])	eher gehemmt-apathische Syndrome, akt.	20-60
Mirtazapin (NaSSA) (Remergil[R])	agitiert-ängstliche Syndrome, sed.	30-120
Venlafaxin (SNRI) (Trevilor[R])	gehemmt-apathische Syndrome, akt.	75-300
Reboxetin (NSRI) (Edronax[R])	eher gehemmt-aphatische Syndrome, akt.	4-10

akt. = aktivierend, sed. = sedierend

Sexualität, unterdrücken Grübeln, Gedankenkreisen und lösen gedankliche Einengung auf. Durch die Besserung der Symptomatik wird die Möglichkeit einer positiven Veränderung überhaupt vermittelt, damit auch die Hoffnung auf Besserung der Depression, was sich indirekt im Sinne von Reduzierung von Suizidalität und Förderung von Hoffnung (Krankheits- und Behandlungskonzept vorhanden!) auswirkt. Die Auswahl eines Antidepressivums geschieht dabei überwiegend syndromorientiert, d. h. sedierende Antidepressiva werden gerne bei eher ängstlich-unruhiger Symptomatik, antriebssteigernde Antidepressiva eher bei gehemmt-apathischen Syndromen eingesetzt. Wichtig ist aber auch das Nebenwirkungsprofil der Antidepressiva; so dürfen z. B. bei älteren Menschen mit Herzerkrankungen keine auf die Herzrhythmik sich auswirkenden Antidepressiva eingesetzt werden. Bei jeder antidepressiven Medikation sind als weitere Kriterien das Alter, das Vorliegen körperlicher Erkrankungen und die Notwendigkeit der Einnahme anderer Medikamente wegen Wechselwirkungen, der Beruf (z. B. für einen Lehrer ist Mundtrockenheit nicht akzeptabel), das Trinkverhalten (Wechselwirkung mit Alkohol?), Sexualität sowie frühere positive Erfahrungen mit bestimmten Antidepressiva wichtig.

Meta-Analysen der Ansprechraten bei Patienten mit einer typischen Depression (Preskorn 1997) haben z. B. beim Vergleich von trizyklischen Antidepressiva mit Placebo für das Antidepressivum eine Ansprechrate von 62,8%, für Placebo von 35,9% (hochsignifikanter Unterschied), bei den SSRI für die Substanzen eine Ansprechrate von 66,5%, für Placebo von 38,1% gefunden. Es gibt also bei einem Drittel depressiver Patienten durchaus eine Placebo-Wirkung, die man auch als unspezifische Wirkung der förderlichen Interaktion bezeichnen könnte. Das Antidepressivum erhöht jedoch (ohne dass man im Einzelfall sagen kann, bei wem) die Besserung der Symptomatik auf den Anteil von 60 – 70%, in manchen Studien wird auch bis 80% angegeben. Hinsichtlich der Rückfallrate weist Keller (2001) darauf hin, dass langfristige Therapie mit einem Antidepressivum versus Placebo hochsignifikant geringere Rückfallraten bei den Antidepressiva zeigt, wenn sie bis zu einem Jahr eingenommen werden. So lag unter Paroxetin (SSRI) bei 52 Wochen Einnahme die Rückfallrate bei 16%, unter Placebo bei 43% (hochsignifikant), bei Citalopram die Rückfallrate unter dem Antidepressivum bei 11%, bei Placebo bei 31%, bei Mirtazapin die Rückfallrate bei 4%, bei Placebo bei 33% (hochsignifikant); ähnliche Ergebnisse zeigten die anderen von Keller (2001) angeführten Antidepressiva wie Fluoxetin oder Sertralin.

In Abb. 15 ist der Ablauf einer antidepressiven Standardtherapie in Kombination von Psychotherapie und Antidepressiva-Medikation abgebildet.

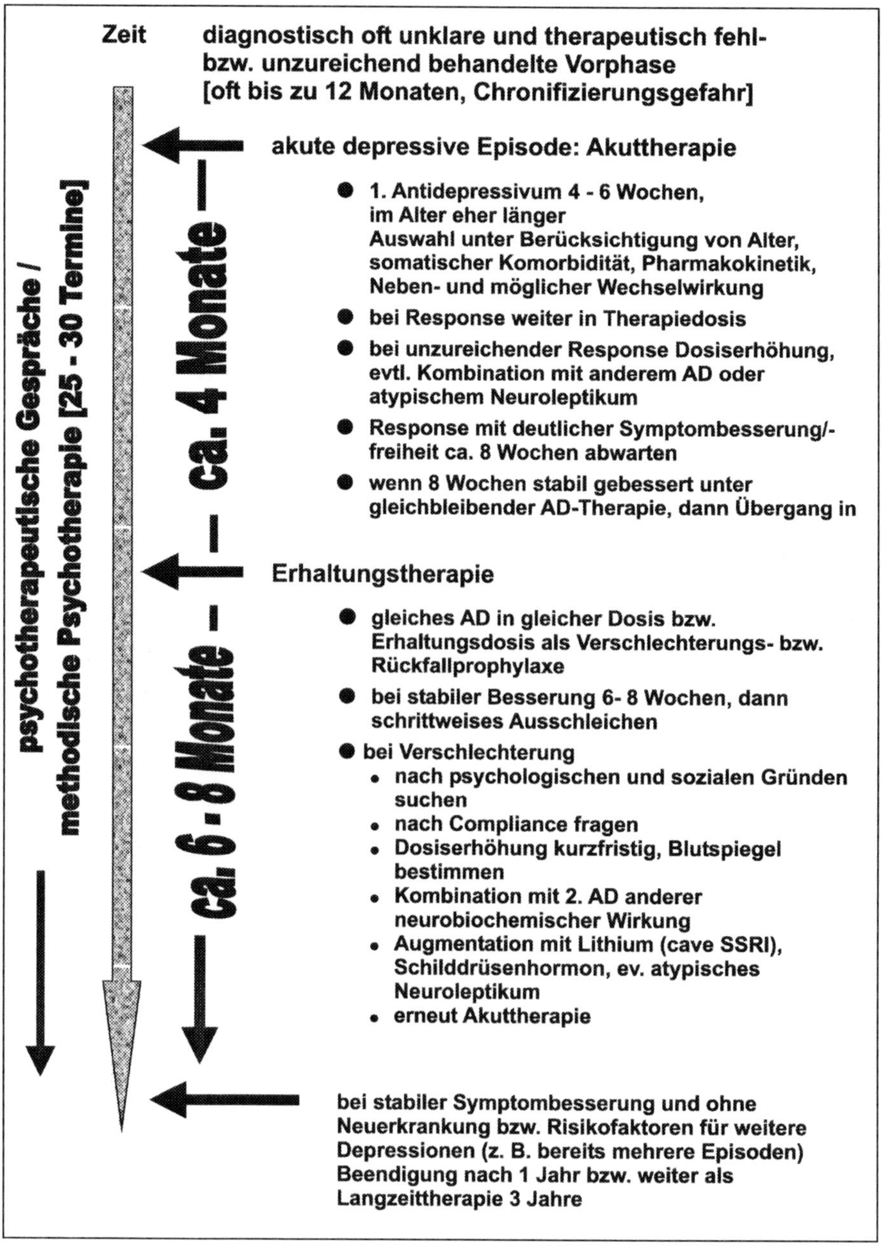

Zeit

diagnostisch oft unklare und therapeutisch fehl- bzw. unzureichend behandelte Vorphase [oft bis zu 12 Monaten, Chronifizierungsgefahr]

akute depressive Episode: Akuttherapie

- **1. Antidepressivum 4 - 6 Wochen, im Alter eher länger Auswahl unter Berücksichtigung von Alter, somatischer Komorbidität, Pharmakokinetik, Neben- und möglicher Wechselwirkung**
- **bei Response weiter in Therapiedosis**
- **bei unzureichender Response Dosiserhöhung, evtl. Kombination mit anderem AD oder atypischem Neuroleptikum**
- **Response mit deutlicher Symptombesserung/- freiheit ca. 8 Wochen abwarten**
- **wenn 8 Wochen stabil gebessert unter gleichbleibender AD-Therapie, dann Übergang in**

Erhaltungstherapie

- **gleiches AD in gleicher Dosis bzw. Erhaltungsdosis als Verschlechterungs- bzw. Rückfallprophylaxe**
- **bei stabiler Besserung 6- 8 Wochen, dann schrittweises Ausschleichen**
- **bei Verschlechterung**
  - **nach psychologischen und sozialen Gründen suchen**
  - **nach Compliance fragen**
  - **Dosiserhöhung kurzfristig, Blutspiegel bestimmen**
  - **Kombination mit 2. AD anderer neurobiochemischer Wirkung**
  - **Augmentation mit Lithium (cave SSRI), Schilddrüsenhormon, ev. atypisches Neuroleptikum**
  - **erneut Akuttherapie**

bei stabiler Symptombesserung und ohne Neuerkrankung bzw. Risikofaktoren für weitere Depressionen (z. B. bereits mehrere Episoden) Beendigung nach 1 Jahr bzw. weiter als Langzeittherapie 3 Jahre

psychotherapeutische Gespräche / methodische Psychotherapie [25 - 30 Termine]

ca. 4 Monate

ca. 6 - 8 Monate

Abbildung 15: Ablauf einer antidepressiven Standardtherapie bei Depressiven jeglichen Alters

Nun noch eine Anmerkung zum Begriff „Therapieresistenz". Dieser Begriff wurde ja eingangs bereits definiert als Nichtansprechen auf eine spezifische Therapiemethode, wobei in der Literatur Therapieresistenz immer auf Antidepressiva bezogen wurde. Kommt es bei einer nach den Regeln der Kunst durchgeführten antidepressiven Medikation nicht zu einer ausreichenden Symptombesserung, so schlägt Fava (2001) verschiedene Schritte vor: Dosiserhöhung, Augmentation d. h. zusätzliche Gabe anderer Substanzen (Lithium, Schilddrüsenhormon, Neuroleptika usw.), Kombinationen von Antidepressiva sowie Umsetzen (Tab. 28). Ein ähnliches Vorgehen ist in Abb. 16 (Kornacher und Wolfersdorf 2000) skizziert.

Tabelle 28: Therapie-resistente Depression (auf Antidepressiva in üblicher Verordnungsstrategie)
* mögliche medikamentöse Behandlungsstrategien (nach Fava 2001)

Dosiserhöhung über die Standarddosierung hinaus
[Ziel: „rapid metabolizer" erreichen; anderes Transmittersystem anzusprechen z. B. bei dual wirkenden AD]

Augmentation d. h. durch andere Pharmaka das Ansprechen des Systems für das AD verbessern
[Ziel: ein anderes Neurotransmittersystem zusätzlich anzusprechen, den therapeutischen Effekt verbreitern (AD + Anxiolytikum), verschiedene Wirkmechanismen kombinieren]

Kombination d. h. den gleichzeitigen Einsatz zweier AD
[Ziel: Verstärkung und Verbreiterung des Effektes und der angesprochenen Systeme]

Umsetzen auf ein anderes Antidepressivum innerhalb der gleichen Gruppe bzw. auf ein AD einer anderen Gruppe
[Ziel: Annahme bzw. Subtypen von Depression, einen differenten neurobiochemischen Effekt erzielen, pharmakokinetische Gründe für Wechsel in der Gruppe z. B. Interaktionen]

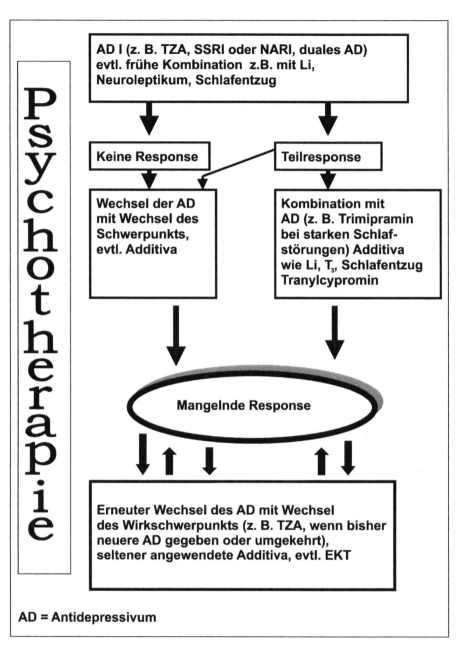

Abbildung 16: Vorgehen bei Therapieresistenz (mod. Vorschlag nach Erfurth und Möller, 2000)

Ähnliche Vorgehensweisen wie hier werden auch sonst in der Literatur empfohlen. Erwähnt sei der Hinweis von Mulder (2002), auf der Basis einer Metaanalyse von über 50 Studien zum Einfluss von Persönlichkeitsstörungen auf das Behandlungsergebnis bei der Depression, dass die derzeitige Datenlage die Aussage, hohe Neurotizismuswerte würden generell ein schlechteres Therapieergebnis bei Psychopharmakotherapie voraussagen, nicht haltbar sei. Man sollte deswegen eine Persönlichkeitsstörung bei Depressiven nicht als Hindernis für ein gutes Therapieergebnis hinsichtlich der Symptombesserung sehen.

5.3 Besonderheiten der Therapie chronisch depressiver Patienten

„Die" Therapie der chronischen Depression gibt es ebenso wenig wie „den" chronisch depressiven Patienten – im Gegenteil, es handelt sich (s. o.) um eine heterogene Gruppe, und auch innerhalb hat selbstverständlich jeder Patient seine ganz individuelle Lebens- und Krankheitsgeschichte, seine persönlichen, familiären und beruflichen Besonderheiten, die sich nicht verallgemeinern lassen.

Dennoch zeichnet sich diese Gruppe durch spezifische Merkmale aus (vergleiche oben) – und ebenso gibt es einige Besonderheiten, die bei der Therapie dieser Klienten häufiger auftreten oder eine größere Rolle spielen können, als bei anderen Gruppen von depressiven Patienten.

Eine besondere Behandlung (im Sinne von „evidence based medicine") für „chronisch depressiv Kranke/chronische Depression" ist derzeit nicht erkennbar. In der Literatur gibt es dazu im Prinzip folgende Überlegungen:

1) Die akute Behandlungsepisode bei einer erstmaligen, rezidivierenden oder sog. chronischen Depression, sofern es eine typische depressive Episode ist und deren Kriterien erfüllt, ist immer gleich. Chronisch Depressive benötigen wie alle anderen schwierigen depressiven Patienten eine Kombinationsbehandlung von Antidepressiva, Psychotherapie und Soziotherapie. Und vor allem: Sie brauchen länger! (Wolfersdorf et al. 1997).
2) Die Vermeidung von Chronifizierung ist etwas anderes als die Behandlung einer chronischen Depression. Das muss unterschieden werden. Chronifizierung zu vermeiden ist Teil der Akutbehandlung und bedingt
   a) adäquate Psychotherapie,

b) adäquate Psychopharmakotherapie mit Antidepressiva, evtl. mit Neuroleptika,
c) adäquate Soziotherapie,
d) einen entsprechenden Behandlungsrahmen, eine Nachsorge, ein Netzwerk und Selbsthilfe.

Hier sind also die Erfordernisse der fachlich korrekten Behandlung einer akuten depressiven Episode aufgerufen.

Die Behandlung von „chronisch" ist die Behandlung eines schwierigen depressiv kranken Menschen unter einem Langzeitaspekt.

3) Alles, was bei der akuten depressiven Episode hilft, ist im Prinzip auch für die „chronische Depression" hilfreich und muss eingesetzt werden. Es braucht eben alles nur „länger": Langzeittherapie.

4) Eine wichtige Frage (unter dem Aspekt der Ressourcen, wobei diese Frage oftmals „akademisch" wirkt) ist die, ob die Kombination von Psychotherapie und Antidepressiva der jeweiligen Monotherapie überlegen ist. Diese Frage stellt sich natürlich insbesondere für die klassische „neurotische Depression" als eine in ihrer Psychogenese und Psychodynamik definierten Depression, die im traditionellen (deutschen) Denkstil eine primär psychotherapeutisch zu behandelnde Depression ist und bei der Psychopharmakotherapie als adjuvant akzeptiert oder, je nach Schule, sogar verteufelt wird.

5) Offen ist die Frage nach der Sinnhaftigkeit, Notwendigkeit und Möglichkeit der Entwicklung von spezifischen Behandlungskonzepten für die chronische Depression, wobei in der Literatur der Aspekt der Therapieresistenz betont wird. Damit sind überprüfbare Behandlungskonzepte für die Antidepressiva-Therapie möglich. Allerdings gibt es dann das Problem der unterschiedlichen Subtypen der „Dysthymia", der unterschiedlichen Ansprechbarkeit, z. B. der akuten Symptomatik bei einer neurotischen Depression versus der fehlenden Ansprechbarkeit auf Antidepressiva bei einer primären Chronifizierung bzw. bei einer chronisch wahnhaften Depression, usw.

All diese Fragen sind letztendlich offen, wenngleich überraschenderweise die stationären Therapieergebnisse bei chronischer Depression, rezidivierender Depression und erstmals erkrankter Depression (Wolfersdorf et al. 1997) gut und vergleichbar sind. Wahrscheinlich hängt dies damit zusammen, dass eben bei all diesen 3 Gruppen eine „typische depressive Episode" vorliegt, deren Symptomatik die Domäne der antidepressiven Medikation ist.

Die Grundprinzipien der Behandlung einer „chronischen Depression" sind in der Tab. 29 zusammengefasst:

1) Im Prinzip geht es um „chronische Depression = chronische Therapie"
2) Behandlung einer chronischen Depression heißt Suche nach den Gründen für die anhaltende Depression, nach Erklärungsmodellen und daraus zu entwickelnden (Be-) Handlungskonzepten
3) Im Prinzip ist alles therapeutisch hilfreich (und erlaubt), „was hilft", konkreter gesagt, was soziale Kompetenz und Integration fördert, neues Erleben, emotional neu bewertbare Erfahrungen erlaubt.

Dick zu unterstreichen ist dabei die Anforderung an therapeutisches Umdenken, das sich vom Selbstverständnis des Therapeuten/Behandlers in Richtung eines Selbstverständnisse des Begleiters mit zeitweisen Einsprengseln von Psychotherapie im klassischen Sinne (z. B. konfliktorientierter Psychotherapie, Krisenintervention, Suizidprävention usw.) entwickeln muss.

Die Gruppe „chronische Depression" lässt sich ja differentialdiagnostisch untergliedern in die „neurotische Depression", ein depressives Bild mit

Tabelle 29: Grundprinzipien der Behandlung einer „chronischen Depression"

---

1) **Eine „chronische Depression", welcher Typ auch vorliegt, dauert definitionsgemäß „länger" als 4 - 6 Monate typische depressive Episode, nämlich länger als 2 Jahre.**
D. h. *chronische Depression = chronische Therapie*

2) **Die Diagnose „chronisch" wird mit „nichts hilft mir mehr, man kann mir nicht mehr helfen" verbunden: Therapieresistenz, Hoffnungslosigkeit, Hilflosigkeit.**
D. h. *Gründe für die anhaltende Depression, Erklärungsmodelle und dann (Be-) Handlungskonzepte sind gefordert*

3) **„Chronische Depression" verlängert und verstärkt soziale Inkompetenz, Inaktivität und Insuffizienzgefühl, führt zum sozialen Rückzug.**
D. h. *es ist alles hilfreich (und erlaubt), was soziale Kompetenz und Integration fördert und neues Erleben, emotionale neu bewertbare Erfahrungen erlaubt*

4) **„Chronische Depression" erfordert therapeutisches *Umdenken vom Behandler zum Begleiter***

episodenüberdauernder Restsymptomatik und in eine Depression mit primärer Chronifizierung, d. h. Aufrechterhaltung der Kernsymptomatik einer typischen depressiven Episode über 2 Jahre (vgl. vorne). Einige Gedanken dazu, ob differentielle Therapiekonzepte nach dem Typ der Störung möglich sind, sind in Tab. 30 aufgelistet. Konsequent wurde danach (Tab. 31) der Versuch gemacht, verschiedene Therapieformen dann den Subtypen der chronischen Depression zu zu ordnen. Kocsis (2000) hat vor kurzem von „neuen Strategien für die Behandlung der chronischen Depression" gesprochen. In seiner Einleitung hat er beklagt, dass es bei den Psychotherapien meist nur offene Studien zur chronischen typischen depressiven Episode gebe, z. B. im Bereich der kognitiv-behavioralen Therapie, der Interpersonellen Therapie, der Krisenintervention und des Social Skills-Training; mehr gebe es dazu nicht. Auch in Antidepressiva-Studien sei eine chronische typische depressive Episode bisher nicht in einem randomisierten Setting betrachtet worden. Die Behandlung einer „double" bzw. „chronic depression" über mehrere Monate hinweg mit Sertralin, Imipramin, Desipramin, oder auch Placebo wurde immer nur mit einer Substanz durchgeführt und die Studien waren jeweils zu kurz. Die neuere Studie von Keller et al. (2000) gibt dagegen die Kombination einer kognitiv-behavioralen Psychotherapie (bzw. einer Modifikation der KVT) mit bzw. ohne Nefazodon als AD über 12 Wochen wieder; die Response-Raten bei der intention-to-treat-Gruppe waren 48% für die Psychotherapie-Methode allein, 48% für das Antidepressivum Nefazodon allein und 73% für die Kombination. Bei denjenigen, welche die Studie insgesamt abgeschlossen hatten, lagen die Zahlen in der gleichen Reihenfolge 52%, 55% und für die Kombination 85%[1].

Die vor kurzem vorgelegten Behandlungsvorschläge für die chronische Depression von Trivedi und Kleiber (2001) enthalten eigentlich nichts Neues, sondern funktionieren nach dem Prinzip der gestuften Behandlung der sog. therapieresistenten Depression, beginnend mit Antidepressiva (SSRI oder anderen neuen AD), gefolgt von der Umstellung auf trizyklische Antidepressiva, der Augmentation mit Lithium oder Schilddrüsenhormen, dann der Kombination von SSRI mit trizyklischen Antidepressiva und Neuroleptika, der (sofern der Patient zustimmt) Elektrokrampftherapie und letztlich allen möglichen Kombinationen, die bis dahin noch nicht versucht wurden. Als letzte Stufe schließt sich die Behandlung mit nicht-medizinischen Mitteln an. Jede dieser Stufen wird immer mit Psychotherapie, Psychoedukation und Soziotherapie kombiniert.

---

[1] Zur Information: Nefazodon wurde inzwischen wegen des Nebenwirkungsprofils vom Markt genommen.

Tabelle 30: *Dysthymia/Chronische Depression:* differenzielles Therapiekonzept nach Typ der Störung

- **DYSTHYMIA/"NEUROTISCHE DEPRESSION"**
  - erfordert *Langzeitpsychotherapie* (einzeln, Gruppe) > 3 Jahre, evtl. nach initaler Richtlinen-Psychotherapie (z. B. 30 Std.) Fortsetzung als „psychiatrisch-psychotherapeutisches Gespräch"
  - Kombination mit konstanter, nebenwirkungsärmster *Antidepressiva-Verordnung*
  - punktuell bzw. nach Bedarf Einbeziehung des *Partners* bzw. Klärung der *Arbeitsproblematik*

- **EPISODENÜBERDAUERNDE RESTSYMPTOMATIK**
  - psychotherapeutische Gespräche, evtl. niederfrequent, längerfristig bis ca. 1 Jahr angelegt
  - *konstante AD-Therapie,* evtl. Kombination mit 2. AD, bzw. atypischem Neuroleptikum; Augmentation; Versuch mit „mood stabilizer" bei Stimmungsschwankungen
  - Psychoedukation, Soziotherapie: gestufte Wiedereingliederung
  - Einbeziehung von Angehörigen
  - Selbsthilfegruppe

- **PRIMÄRE CHRONIFIZIERUNG**
  - psychotherapeutische Gespräche, regelmäßig, evtl. niederfrequent je nach Situation begleitend, konfliktbezogen, VT-agitiert
  - konstante nebenwirkungsarme AD-Therapie, evtl. Augmentationsversuche, Kombinationen mit 2. AD oder/und atypischen NL. Bei chronischer Depression nach/bei Depression mit Wahn NL weiterhin als Langzeitmedikation. Bei Krisen kurzfristig Anxiolyse.
  - Phasenprophylaxe, „mood stabilizer"
  - Psychoedukation, Angehörigenarbeit, Soziotherapie
  - gestufte Wiedereingliederung, sofern ausreichend erwerbsfähig, ansonsten EU
  - gemeindepsychiatrische Angebote wahrnehmen evtl. an Psychiatrische Institutsambulanz einer Klinik für Psychiatrie und Psychotherapie anbinden
  - Selbsthilfegruppe

Tabelle 31: Therapie bei chronischer Depression/therapeutische Arbeit mit chronisch depressiv kranken Patienten

	Dysthymia = neurotische Depression	Depression Restsymptomatik nach depr. Episode	≥ 2 Jahre primäre Chronifizierung
Psychopharmakotherapie	(ja)	ja	ja
		abhängig vom Schweregrad	
– Antidepressiva	(ja)	ja	ja
– Neuroleptika	(ja)	(ja)	ja
Augmentation			
– mit Lithium	nein	nein	ja
– Schilddrüsenhormon	nein	nein	ja
– Neuroleptikum	ja	ja	ja
Psychotherapie			
– Einzeltherapie	ja	ja	ja
– Gruppentherapie	ja	(ja)	(ja)
– Entspannung	ja	ja	ja
Psychoedukation	(nein)	ja	ja
Angehörigenarbeit	(ja)	ja	ja
Soziotherapie bzgl. Arbeit/Wohnen	(ja)	(ja)	ja
Anbindung an gemeindepsychiatrische Angebote	(nein)	(nein)	ja
Selbsthilfegruppe	(nein)	(ja)	ja

ja = indiziert, ( ) = fraglich, nein = nicht indiziert

Einen Vorschlag für die Langzeittherapie bei rezidivierenden depressiven Episoden bzw. chronifiziertem Verlauf mit depressiver Restsymptomatik haben wir in der Tab. 32 gemacht. Im Grunde genommen geht es erneut um die Kombination von biologischer, psychotherapeutischer und soziotherapeutischer Therapie. Allerdings gibt es auch Schwerpunktverschiebungen, die wir für die primäre chronische Depression entwickelt haben und die, im Sinne des unten noch zu diskutierenden Paradigmenwechsels, von der Behandlung zur Begleitung, von der Akuttherapie zur Langzeittherapie führen.

Tabelle 32: Langzeittherapie bei rezidivierenden depressiven Episoden bzw. chronifiziertem Verlauf mit depressiver Restsymptomatik

PSYCHOPHARMAKOTHERAPIE MIT AD
- Akuttherapie + Erhaltungstherapie ca. 1 Jahr
- Langzeittherapie 3 – 5 Jahre: therapeutische Dosis, bei tri- und tetrazyklischen Antidepressiva bzw. Nebenwirkungen Erhaltungsdosis; Antidepressivum eher beibehalten, bei depressiven Schwankungen kurzfristige Kombination mit anderem Antidepressivum
- bei hypomanischen Schwankungen Reduktion des Antidepressivum, Kombination mit Valproat; bei Weiterbestehen ab- und/oder umsetzen
- bei bipolarer affektiver Störung, jetzt Depression, Antidepressivum mit geringstem Switch-Potential, in Kombination mit Lithium, Valproat, Carbamazepin, Lamotrigin etc.

PSYCHOTHERAPIE
- begleitende psychotherapeutische Gespräche (z. B. stützend, beziehungsorientiert, belastungsklärend) in regelmäßigem Rhythmus (oft niederfrequent)
- methodische Psychotherapie nach entsprechenden Vorgaben der Methode
- Angehörigengespräche

SOZIOTHERAPIE
- Lebens- und Belastungssituation
- Altersaspekte beachten
- Arbeitssituation beachten, aktiv einbeziehen
- Tagesstrukturierung
- Selbsthilfegruppe
- Gemeindeangebote einbeziehen

5.4 Besonderheiten der Therapie chronisch depressiver Patienten in verschiedenen Phasen der Therapie

Welche Ziele in der Therapie verfolgt werden, welche Methoden einge-setzt werden und welche Aufgabe Therapeut und Klient haben, hängt u.a. davon ab, in welcher Phase sich die Therapie befindet. Kanfer, Reinecker und Schmelzer (1996) legten für die Selbstmanagement-Therapie ein sie-benstufiges Prozessmodell vor, das die Phasen der Therapie im Überblick zeigt (Abb. 17). Dieses Modell soll den folgenden Anmerkungen zugrunde gelegt werden. Im Text wird auf diejenigen Phasen und Ziele Bezug ge-nommen, die bei der Arbeit mit chronisch depressiven Klienten (siehe auch Tabelle 33) besonders zu beachten sind oder bei denen der Therapieablauf für diese Klientel besonders modifiziert werden sollte.

1) Eingangsphase: Schaffung günstiger Ausgangsbedingungen: Rollenstrukturierung in der Therapie, „therapeutische Allianz"

Eine tragfähige therapeutische Beziehung ist eine der wichtigsten Grundla-gen jeder wirksamen Psychotherapie. Dies gilt in der Behandlung chronisch depressiver Störungen in besonderem Maß. Sie ist hier allerdings u.U. nicht nur schwerer herzustellen, sondern muss auch größeren Belastungen standhalten.

Fehlhaltung: Entwertung und Idealisierung
So ist es nicht selten, dass chronisch depressiv Kranke schon mehrere The-rapien abgebrochen oder auch beendet haben, ohne eine als ausreichend empfundenen Besserung erfahren zu haben. Die beiden Extremhaltungen zum Therapeuten und zur Therapie, die daraus entstehen können, lassen sich umschreiben mit „Sie werden mir auch nicht helfen können." und „Sie sind der einzige, der mir jetzt noch helfen kann.", also Entwertung und Idealisierung. Beide Extreme sind für die Therapie mehr hinderlich als för-dernd. Zu hohe Erwartungen an die Therapie wie unmittelbare Besserung der lange bestehenden Symptomatik oder gänzliche „Heilung" innerhalb kurzer Zeit stellen eine Hypothek dar, die in den wenigsten Fällen eingelöst werden kann (und selbst in diesen wenigen Fällen wäre die Attribution des Therapieerfolges auf die Person des Therapeuten auf längere Sicht nicht hilfreich für den Klienten.)

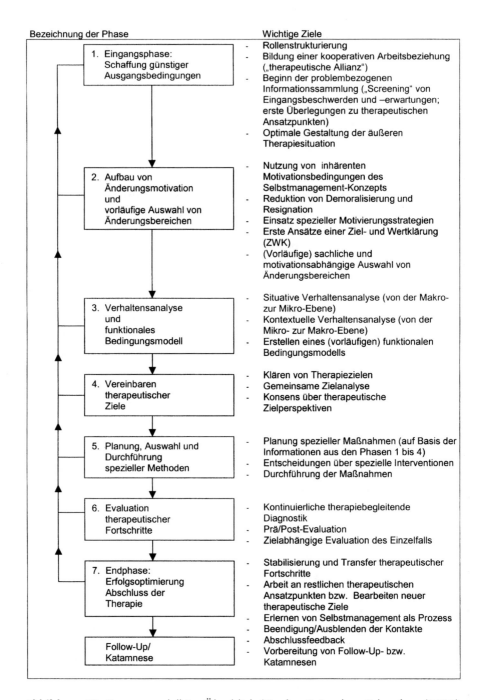

Abbildung 17: Prozessmodell im Überblick (Kanfer, Reinecker, Schmelzer (1996), S. 139

Geht der Therapeut auf diesen zwar verständlichen Wunsch des Klienten ein und lässt sich in die Rolle dessen drängen, der „alles wieder gut machen kann", so geraten sowohl Therapeut als auch Klient unter Erfolgsdruck, nehmen sich nicht genug Zeit für kleine Veränderungen und können diese evtl. auch nicht mehr als kleine Schritte wahrnehmen – das zu hohe Ziel wird immer wieder nicht erreicht, Enttäuschung und Motivationsverlust, Resignieren und erneute Hoffnungslosigkeit sind die Folge. Wird dieses Rollenverständnis nicht bearbeitet, besteht außerdem die Gefahr, dass der Patient weiterhin auf der Suche nach dem „idealen Therapeuten" bleibt, er also nach Abbruch einer Therapie immer weiter die „eine Behandlung" sucht, die ihn doch noch gesund machen kann: Das kostet sowohl Zeit als auch Aufwand und birgt außerdem die Gefahr in sich, in die Hände von Personen zu fallen, die keine seriöse Hilfe anbieten und so die Notlage und Bedürftigkeit des Patienten ausnützen – was umso leichter gelingen wird, je demoralisierter und von den seriösen Angeboten enttäuschter der Patient ist.

Ebenso wenig hilfreich ist die gegenteilige Extremhaltung: Lässt sich der Therapeut von der Hoffnungslosigkeit des Klienten anstecken, wird es für beide Seiten schwer sein, die für jede Therapie notwendige Motivation und Energie aufrechtzuerhalten, die für eine therapeutische Arbeit notwendig sind.

Fehlhaltung: „Drive-in-Syndrom"
Ein weiteres Hindernis kann darin bestehen, dass der Klient von einer nicht zutreffenden Vorstellung ausgeht, welche Rolle er selbst im Therapieprozess einnimmt: Viele chronisch Depressive blicken bereits auf eine längere „Krankenkarriere" zurück, d.h. haben bereits viele Erfahrungen mit Ärzten und somatischer Behandlung gesammelt. So laufen sie leichter Gefahr, die Arzt-Patient-Rollenverteilung aus der somatischen Medizin auch auf die Psychotherapie zu übertragen und eine Haltung einzunehmen, die mit „Drive-in-Syndrom" umschrieben werden kann (Kanfer & Schefft 1987, zit. nach Kanfer et al. 1996): Der Klient geht davon aus, dass er seine Beschwerden und Probleme gleichsam beim Therapeuten „abgibt", dass dieser aktiv wird und sie für ihn löst, der Klient also weitgehend passiv bleiben kann oder sogar soll. Antriebsmangel und eine niedrige Selbstwirksamkeitserwartung – bei chronisch Depressiven sehr häufige Merkmale – tragen zusätzlich dazu bei, diese Haltung wahrscheinlicher zu machen. Zeigt der Klient dieses Rollenbild, hindert ihn das einerseits daran, sich am Therapiegeschehen zu beteiligen, etwa, „Hausaufgaben" zu akzeptieren etc.; andererseits wird er nach einiger Zeit, wenn die erwartete Besserung ausbleibt,

an der Kompetenz des Behandlers zweifeln und sich nach einem „besseren Therapeuten" umsehen.

Fehlhaltung: Freundschaftsbeziehung
Ebenfalls nicht hilfreich, wenn auch verständlich, ist der Wunsch des Klienten, der Therapeut möge die Rolle eines „Freundes" einnehmen. Wie im Kapitel zur Angehörigenarbeit noch auszuführen sein wird, sind die persönlichen Beziehungen chronisch depressiver Patienten häufig ausgesprochen belastet: Angehörige empfinden ihren Interaktionsstil oft als extrem schwierig, schwer zu ertragen und ziehen sich nicht selten zurück. So fühlt sich der Patient oft alleingelassen, abgeschnitten von seinen Bezugspartnern, unverstanden und einsam. In der Therapie begegnet ihm nun eine Person, die sich ihm zuwendet, zuhört und in ihrem Umgang Empathie und Akzeptanz vermittelt – Merkmale also, die im alltäglichen Leben mit Freundschaft assoziiert sind. So ist es verständlich, dass der Klient u.U. nun auch diejenigen Verhaltensweisen erwartet, die sonst zu Freundschaftsbeziehungen gehören, so z.B. auch außerhalb der institutionellen Gegebenheiten „verfügbar" zu sein, gemeinsame Aktivitäten außerhalb der therapeutischen Sitzungen zu erwarten u.ä..

Realistisches Therapiemodell
Wie sollte nun die therapeutische Beziehung, die Rollenstrukturierung stattdessen aussehen?
   Zunächst sollten die Erwartungen des Klienten gegenüber Therapeut und Therapie ausführlich besprochen werden. Kommt der Klient mit einer der beschriebenen nicht hilfreichen Einstellungen in die Therapie, sollte der Therapeut ihm vermitteln, dass diese Sicht in seiner Lage sehr nachvollziehbar und verständlich ist und dass seine Erwartungen und Befürchtungen ernst genommen werden. Allerdings sollte möglichst frühzeitig damit begonnen werden, ein realistisches Bild dessen zu vermitteln, was Therapie leisten kann und nicht leisten kann: Je länger der Klient von falschen Voraussetzungen ausgeht, desto schwieriger wird es im Lauf der Therapie, diese zu korrigieren und desto unglaubwürdiger wird auch der Therapeut. Das hilfreichere und realistisches Therapiemodell muss dabei sukzessiv und nicht ein für alle mal vermittelt werden, sondern angepasst an die Fähigkeiten und Möglichkeiten des Klienten, es zu erfassen und anzunehmen.

Professioneller Helfer

Der Therapeut sollte dem Klienten das Bild eines professionellen Helfers (Kanfer et al. 1996) bieten, der „sein Wissen und Können in die Dienste des Klienten stellt" (ebd.). Dabei kommt den therapeutischen Grundhaltungen Empathie und Akzeptanz in der Therapie chronisch Depressiver eine besondere Bedeutung zu: Lebt der Klient doch oft in einem Umfeld (vgl. oben), das ihm nicht (mehr) mit Wertschätzung und Einfühlung, sondern mit Ablehnung, Distanzierung und Unverständnis begegnet. Umso wichtiger ist es für ihn, hier in der Therapie eine andere, neue Erfahrung machen zu können: Dass sich der Therapeut nicht von seiner Hilflosigkeit anstecken, sich von seinen fortgesetzten Klagen nicht nach einiger Zeit doch abschrecken lässt, dass er sich – nach anfänglicher Zuwendung – nicht frustriert äußerlich oder auch innerlich „zurückzieht", dass seine Zuwendung konstant und sein Akzeptieren bedingungsfrei sind bzw. auch bleiben. Dies fordert vom Therapeuten ein hohes Maß an Geduld, Frustrationstoleranz und „langem Atem", zumal sich die Begleitung (vgl. oben) oft über eine viel längere Zeitspanne erstreckt als bei der Behandlung nicht chronischer Störungen. So ist es ausgesprochen wichtig, dass der Therapeut selbst genau darauf achtet, wo seine eigenen Grenzen erreicht sind und wie viel Distanz zum Patienten er selbst braucht, um fähig zu bleiben, die Behandlung fortzusetzen. Im Zweifelsfall sollte er sich dabei eher für einen „etwas zu großen" als einen „etwas zu geringen" Abstand entscheiden, da die Gefahr besteht, die Belastungen zu unterschätzen, die eine derartige Begleitung mit sich bringt. Die vergleichsweise lange Zeit der Behandlung, der „lange gemeinsame Weg" lassen oft eine engere und evtl. auch zu enge Bindung entstehen. Nähe und Distanz sollten also zu den Variablen gehören, die sich der Therapeut immer wieder bewusst machen und kritisch hinterfragen sollte.

Die Sichtweise eines geschulten Außenstehenden, idealerweise eines in der Behandlung chronisch Kranker erfahrenen Supervisors, kann hier eine große Hilfe sein und sollte zu den regelmäßig in Anspruch genommenen Unterstützungsmöglichkeiten gehören, derer sich der Therapeut bedient.

Umgang mit Zweifeln

Dieses Korrektiv kann auch noch in anderer Hinsicht nützlich sein. Der Behandler ist hier immer wieder mit Erfahrungen konfrontiert, die ihn mit Zweifel erfüllen können: Das, „was sonst wirkt", wirkt hier nicht oder nicht in dem erwarteten Ausmaß, die von Klient und Therapeut erwarteten Fortschritte stellen sich nicht ein, die Arbeit beider Beteiligter wird nicht durch baldige Besserung gleichsam belohnt. Der Schluss, dass „irgendwo ein Fehler liegen" muss, liegt dann nahe, der Therapeut kommt ins Zweifeln:

- an sich selbst, indem er sich fragt, ob und was er wohl falsch gemacht habe, ob er etwa etwas Wichtiges übersehen habe oder ob er nicht der richtige Therapeut für eben diesen Patienten sei;
- an der Therapie bzw. der eigenen Therapiemethode, indem er sein Instrumentarium in Frage stellt; oder
- am Klienten, indem er ihm insgeheim oder sogar explizit vorwirft, „nicht genug mitzuarbeiten", unzuverlässig, noncompliant oder unengagiert zu sein.

Alle drei Überlegungen müssen grundsätzlich nichts per se Schlechtes sein – im Gegenteil: Kritisches Reflektieren des eigenen Tuns ist die Grundlage jeder notwendigen Evaluation, und Lernen aus Fehlern die Bedingung der eigenen Weiterentwicklung als Therapeut. Ebenso kann nur das Nachdenken über die Lücken und Unzulänglichkeiten der eigenen Therapiemethoden zu Verbesserungen und Erweiterungen derselben führen. Auch ist es prinzipiell sinnvoll und wichtig, sich Gedanken darüber zu machen, ob man selbst der geeignete Therapeut für diese Art von Klient ist oder ob es nicht besser wäre, ihn an einen Kollegen zu verweisen, mit dem – aus welchen Gründen auch immer – eine bessere „Passung" möglich wäre (Birnbacher et al. (1996)). Selbst die Möglichkeit in Betracht zu ziehen, dass der Klient in der Therapie (noch) nicht „voll mitarbeitet", kann ein wertvoller Anhaltspunkt dafür sein, dass evtl. im bisherigen Verlauf etwas Wichtiges zu kurz gekommen ist – nämlich abzuklären, warum dem so ist und was den Klienten hindert, sich ganz darauf einzulassen, gemäß der therapeutischen Faustregel „Jeder Klient ist motiviert – die Frage ist nur, wofür". Motivationsklärung und Überprüfung der Zielbestimmung sowie sorgfältiges Hinterfragen der funktionalen Bedingungen der Beschwerden sind sehr wichtige Therapiebestandteile [vgl. Modell: Phase 2), 3) und 4)].

Zweifel sind also nichts von vornherein zu Vermeidendes und sollen es auch nicht sein. Allerdings sollten sie bei der Behandlung chronisch Depressiver mit Vorsicht ins Kalkül gezogen werden, um nicht mehr Schaden als Nutzen anzurichten. Mangelnder Fortschritt der Besserung kann (muss nicht!) hier ein Kennzeichen des „normalen" Verlaufs sein und die Suche nach nicht vorhandenen Fehlern und deren Beseitigung kann hier wertvolle Zeit und Energie binden, die anders besser einzusetzen sind. Und so wichtig und richtig es ist, die eigenen Kompetenzen nicht zu überschätzen, kann sich mit der Beurteilung „Der Kollege XY ist für diesen Klienten viel besser geeignet" auch der Wunsch maskieren, diesen schwierigen, „undankbaren" Klienten „abzuschieben" und so seine Befürchtung zu bestätigen „Mit mir hält es keiner lange aus, ich bin ein hoffnungsloser Fall". Auch hier kann es eine Hilfe sein, in Inter- oder Supervision die Motive des eigenen Handelns kritisch zu hinterfragen. V.a. aber der (nichtreflektierte) Zweifel am Klienten, seiner Engagiertheit und Motiviertheit ist mit Vorsicht zu behandeln: Hier erkennt der Klient eine Reaktion wieder, die er wahrscheinlich schon in anderem Kontext erleben musste: „Du könntest doch, Du willst nur nicht." Dieser Kardinalfehler im Umgang mit depressiv Kranken wäre hier umso schwerwiegender, als der Klient gerade in der Therapie die Erfahrung machen soll, einen Ansprechpartner zu finden, der Verständnis hat für sein Nichtkönnen und der ihm glaubt, dass er alles tut, was derzeit in seinen Kräften steht. Sich unverstanden zu fühlen oder auch die Kritik zu übernehmen („Meine Verwandten hatten also doch recht, es liegt nur daran, dass ich mich nicht genug anstrenge, sogar der Therapeut sagt das.") und Schuldgefühle für sein „Versagen" zu haben, sind Reaktionen, die dem therapeutischen Prozess schaden.

Tabelle 33: Fehlhaltungen und hilfreiche Einstellungen bei der Rollenstrukturierung in der Therapie chronisch depressiver Klienten

Fehlhaltungen:	Hilfreiche Einstellungen:
• Entwertung des Therapeuten • Idealisierung des Therapeuten • Drive-in-Syndrom • Freundschaftsbeziehung	• Therapeut als professioneller Helfer, als feste Bezugsperson und Begleiter über längeren Zeitraum • konstante, regelmäßige Zuwendung, bedingungsfreie Akzeptanz • ausreichende Distanz • Supervision nützen • „Zweifeln mit Vorsicht" • Einplanen längerer Behandlungsdauer, Zeit nehmen für den Aufbau der therapeutischen Allianz

2) Aufbau von Änderungsmotivation und vorläufige Auswahl von Änderungsbereichen

Aufbau und Erhalt der Therapiemotivation stehen bei chronisch depressiven Patienten unter schwierigeren Bedingungen als bei akut Depressiven (Tabelle 34).

Bei der Behandlung depressiver Störungen allgemein spielt u.a. die Vermittlung stellvertretender Hoffnung eine große Rolle. Der Therapeut kann dem Patienten, der störungsbedingt selbst nicht in der Lage ist, Hoffnung zu empfinden, das Gefühl vermitteln, dass eine gute Aussicht auf Besserung und Heilung besteht, dass das „einzig Gute an einer Depression ist, dass sie vorübergeht", dass es ein „Leben danach" gibt. Der Patient wird zwar oft nicht in der Lage sein, dies „ganz" zu glauben, doch die wiederholte Versicherung des Therapeuten kann zumindest einen kleinen Hoffnungsschimmer geben – der Therapeut arbeitet schließlich schon länger mit depressiven Patienten, er kennt das Störungsbild und wenn er sagt, dass es auch anderen so ging wie dem Patienten, denen es heute wieder besser geht, dann „wird da vielleicht doch etwas dran sein". Es gilt also, die schwere Zeit zu überstehen, um hinterher mit besserem Befinden gleichsam „belohnt" zu werden – verstärkertheoretisch eine gute Möglichkeit, Motivation aufzubauen: Beteiligt sich der Patient an der Therapie, hält er die Behandlung durch, so wird er danach durch den Wegfall des als unangenehm und belastend erlebten Zustandes belohnt ($\mathcal{C}^-$), er wird wieder Lebensfreude und Wohlbefinden empfinden können (C^+). Vor diesem Hintergrund nimmt er leichter auch diejenigen Therapiemaßnahmen in Kauf, die mit Anstrengung (C^-) und Einschränkungen ($\mathcal{C}^+$) verbunden sind.

Diese Aussicht auf „Heilung" hat der chronische Patient nur eingeschränkt. Bei vielen dieser Patienten kommt es im Gegenteil geradezu darauf an, dass der Patient den Gedanken zu akzeptieren lernt, mit Einschränkungen seines Wohlbefindens zu leben, dass eine Heilung evtl. gar nicht möglich ist, dass er eine geringere Chance auf Besserung hat als andere Patienten.

Der Verlust dieser Motivationsquelle ist nicht zu unterschätzen, stellt sie doch bei vielen Therapien die Hauptmotivation dar: „Therapie mache ich, um wieder gesund zu werden.". Der Patient mag sich hier fragen: „Wenn ich sowieso nicht mehr gesund werden kann, warum sollte ich mich überhaupt noch anstrengen und mich an der Therapie beteiligen? Wenn mir die Medikamente nicht helfen, gesund zu werden, warum nehme ich sie überhaupt und halte die Nebenwirkungen aus? Wirken sie bei mir vielleicht überhaupt nicht? Warum sollte ich die Aktivitäten, die zur Therapie gehören, durchführen? Sie kosten mich doch nur Anstrengung und helfen mir auch nicht weiter. Welche Sinn hat es, sich den Anstrengungen des Tages zu stellen, wenn mein Leben immer so trostlos weitergehen wird wie jetzt?"

Schwierige Fragen in der Therapie. Hier gilt es, den Patienten einerseits nicht zu entmutigen – seine Anstrengungen müssen in irgendeiner Art „belohnt" werden –, ihm andererseits aber keine unrealistischen „Belohnungen" zu versprechen. Wie kann das aussehen?

Der Klient muss die Einschätzung gewinnen können, dass er einen wie auch immer gearteten Nutzen von der Therapie haben wird, für den es sich „lohnt" wiederzukommen und weiterzumachen – und das, obwohl Anfangserfolge, wie sie in den Therapien akuter Depressionen oft auftreten und so einen Motivationsschub bewirken können (vgl. oben), häufig ausbleiben. Kurz gesagt muss der Patient das Gefühl haben, dass er in irgendeiner Art durch die Therapie besser dastehen werde als ohne (vgl. grundlegende Motivationsfragen in der Therapie, Kanfer et al. 1996): „Wie wird mein Leben sein, falls ich mich ändere? Wie werde ich besser dastehen, falls ich mich ändere? (...)".

Diesen Nutzen zu finden, kann verschiedene Ebenen betreffen: Schon das Erleben der oben weiter ausgeführten therapeutischen Beziehung kann verstärkend wirken und v.a. zu Beginn der Therapie einen Teil der Motivation ausmachen, bis andere Elemente stärker in den Vordergrund rücken: Das Erlebnis, die eigenen Sorgen, Symptome und Bedrängnisse mit jemandem teilen zu können, der nicht verurteilt, sondern zu verstehen und zu helfen sucht, kann als angenehm und verstärkend erlebt werden (vgl. oben).

Auch das Gefühl, nun „überhaupt (wieder) etwas zu tun", um besser mit der Erkrankung umgehen zu können, kann als belohnend empfunden werden: Es entlastet den Patienten von Schuldgefühlen, die bei vielen deshalb auftreten, weil sie sich als inaktiv und nicht genug bemüht um Besserung erleben, oder weil dies ihnen vom familiären oder beruflichen Umfeld vermittelt wird. Natürlich sollte der Behandler diese Schuldgefühle nicht unterstützen – er kann jedoch auf den selbstwertdienlichen Anteil an diesen Überlegungen hinweisen, etwa, indem er mit dem Patienten herausarbeitet, dass er ja nicht „nichts" tue, wie viele Patienten klagen, sondern schon einen wichtigen Schritt getan *habe*, der alles andere als selbstverständlich ist: Die Therapie aufzusuchen, sich auf eine Zusammenarbeit mit einem Therapeuten einzulassen, die damit verbundenen Mühen und den Zeitaufwand auf sich zu nehmen (im stationären Setting können Teilnahme am Stationsprogramm und Sicheinlassen auf die verschiedenen therapeutischen Angebote als ein ähnlicher erster Schritt gedeutet werden). Das kann

Hinweis sein, die eigenen Ressourcen wieder wahrzunehmen und nicht nur das Versagen, sondern auch das Gelingen wieder sehen und stehenlassen zu lernen. Dieses Erleben des eigenen Beitrags vermindert das Gefühl, der Krankheit völlig hilflos ausgeliefert zu sein und fördert so den (Wieder-) Aufbau der Selbstwirksamkeit.

Außerdem bietet sich so die Chance, das Therapieprinzip des „trotzdem Tuns" einzuführen:

„Es geht mir (noch?) schlecht, ich habe (noch?) Symptome, es macht mir alles (noch?) keine Freude und *trotzdem* tue ich es." Denn viele Patienten kommen mit einer anderen Vorstellung der „Reihenfolge" in die Therapie: „Erst muss es mir besser gehen, dann kann ich (wieder) an Aktivitäten teilnehmen.", was sich in Äußerungen zeigt wie „Ja, wenn ich erst wieder Freude dran/genug Energie/nicht mehr diese Schlafstörungen/ etc. habe, dann...". Einzusehen, dass „Tun" die *Voraussetzung* dafür ist, mögliche Besserungen zu erzielen und nicht erst die *Folge* davon, fällt vielen Patienten sehr schwer, und man sollte als Therapeut auch nie vergessen, *wie viel* schwerer es für sie tatsächlich ist, die geforderte Mitarbeit zu leisten. Das

Tabelle 34: Aufbau und Erhalt der Motivation in der Therapie chronisch depressiver Patienten

Motivationsquellen, die beim chronisch depressiven nicht/in geringerem Ausmaß als bei akut Erkrankten vorhanden sind:
- Problem der „stellvertretenden Hoffnung": Aussicht auf „Heilung" geringer als bei akut Depressiven → Verlust der Motivation, *dafür* Anstrengungen, Mühen und Einschränkungen in Kauf zu nehmen
- keine schnellen Erfolge, die zum Weitermachen ermuntern

Mögliche andere Motivationsquellen:
- Erleben der therapeutischen Beziehung
- Self-efficacy steigt durch Erleben des eigenen Tuns, der eigenen Mitarbeit an der Therapie, verminderte Hilflosigkeit
- Therapieprinzip des „trotzdem Tuns": Erst Tun, dann Besserung/leichter ertragbarer Zustand, nicht umgekehrt
- Kleine Fortschritte suchen und wahrnehmen lernen, Erleichterungen, anderer Umgang mit Leiden, Verbesserung der Lebensqualität statt „Heilung" als Ziel

**Ziel: Vermitteln, dass die Art der Lebensgestaltung mit entscheidend dafür ist, welches Ausmaß an Lebensqualität der Patient erreichen kann
→ Gegenposition zur resignativen Haltung**

Prinzip der „kleinen Schritte" („think small steps", Kanfer et al. 1996) ist hier zentral: Ziel ist es nicht, durch übergroße Anstrengungen eine Heilung herbeizwingen zu wollen, sondern anhand kleiner, überschaubarer Schritte einem Leben mit größerer Lebensqualität immer näher zu kommen. Dazu sollte mit dem Patienten herausgearbeitet werden, was kleine Schritte sein können und deren Wichtigkeit sehen zu lernen.

Zusammenfassend ist als größtes Motivationshemmnis in der Therapie die Überzeugung zu sehen, dass es völlig gleichgültig sei, was der Patient tut, da sich an seinem Zustand sowieso nichts mehr ändern werde. Stattdessen sollte dem Patienten die Gewissheit vermittelt werden, dass es sehr wohl einen Unterschied macht, was er tut, welche Aktivitäten er durchführt, wie er sein Leben gestaltet – denn dies ist ein wichtiger Parameter dafür, welches Ausmaß an Lebensqualität der chronisch Kranke erreichen kann.

3)   Verhaltensanalyse und funktionales Bedingungsmodell

Bei der Verhaltensanalyse und der Erstellung eines funktionalen Bedingungsmodells gelten sowohl für akut depressive wie auch für chronisch depressive Klienten gleiche Grundsätze: Es kommt hier auf eine präzise und konkrete Beschreibung der Probleme an, bei der situative und kontextuelle Bedingungen in unterschiedlichem Auflösungsgrad erfasst werden. So kann ein funktionales Bedingungsmodell erstellt werden (Kanfer et al. 1996), denn eine der wichtigsten Fragen bei der Behandlung chronisch Depressiver ist die nach den Faktoren, die die Störung aufrechterhalten.

Die „health beliefs", also die Krankheitsvorstellungen sollten hier besonders sorgfältig erfragt werden: Ist der Klient der Meinung, dass seine Erkrankung überhaupt noch veränderbar ist – nach der langen Zeit, die er schon krank ist? Woher rührt seine Krankheit seiner Meinung nach, ist sie grundsätzlich beeinflußbar? Hat sich seine Krankheitsvorstellung im Lauf seiner Erkrankung verändert?

Auch die bisherigen Versuche, mit der Krankheit zurechtzukommen, sollten genau erarbeitet werden: Welche Anstrengungen wurden bisher unternommen, um dem Patienten zu helfen? Was hat er selbst ausprobiert? Was hat besser, was hat schlechter geholfen? Was hat er bisher noch nicht versucht – und aus welchem Grund nicht? Nicht nur in der Pharmakotherapie ist häufig eine nicht regelrecht durchgeführte Therapie der Grund dafür, dass es dem Patienten nicht besser geht – es ist ein psychotherapeutisches Äquivalent zu Fehldosierung, zu kurzen Anwendungszeiten, zu mangelnder Compliance denkbar: Der Patient hatte z.B. keine regelrechte Psychotherapie erhalten, sondern nur stützende Gespräche, er konnte sich dem bisherigen Therapeuten aus welchen Gründen auch immer nicht anvertrauen, hat nach den ersten Gesprächen die Therapie abgebrochen oder ähnliches.

Besonders wichtig bei chronisch depressiven Patienten ist auch die Analyse der sozialen Bedingungen, in denen der Patient lebt. Das jahrelange Umgehen mit der Erkrankung stellt – wie unten noch näher auszuführen sein wird (vgl. Kapitel 6: Angehörigenarbeit) – eine enorme Belastung auch für die Interaktionspartner dar. Hier gilt es, genau zu erfassen, welche signifikanten Anderen es für den Patienten gibt und wie sein Verhältnis zu ihnen und ihr Verhältnis zu ihm ist.

Alle diese Informationen sollen in einem vorläufigen hypothetischen Bedingungsmodell erfasst werden. Auf diesen Informationen fußend kann dann die Vereinbarung therapeutischer Ziele erfolgen.

4) Vereinbaren therapeutischer Ziele

Eine Schlüsselrolle im therapeutischen Prozess chronisch Depressiver stellt die Vereinbarung von Zielen der Arbeit dar: Sowohl zu „ groß" als auch zu „ klein" gewählte Ziele können die Therapie von vornherein schwierig machen.

Haltung der Geduld
Für den Klienten wie auch den Therapeuten hilfreich ist eine grundsätzliche Haltung der Geduld – beide sollten in Betracht ziehen, dass schnelle Besserung derzeit (noch) nicht möglich oder nur in beschränktem Umfang möglich ist. Andererseits muss ein bisher langer Krankheitsverlauf auch nicht bedeuten, dass überhaupt keine Aussicht auf positive Veränderung mehr besteht – chronisch heißt eben nicht automatisch auch therapieresistent. Es sollte aber mit der Möglichkeit gerechnet werden, vorerst nur kleine oder auch gar keine „Fortschritte" zu machen. Die Abkehr von der oft implizit im Raum stehenden Vorgabe, innerhalb kurzer Zeit wieder „ganz gesund" werden zu sollen, ermöglicht es, sich Zeit zu nehmen – Zeit dafür, sich überschaubare Ziele zu setzen, sie Schritt für Schritt umzusetzen und das Erreichen dieser Kleinziele auch als Erfolg einzustufen. Zeit auch, um das, was der Patient noch oder wieder kann, als Ressource wahrzunehmen und nicht als Nichtigkeit abzutun und auch den Erhalt von Fähigkeiten im Sinne einer Verschlechterungsprophylaxe als positiv zu werten. Zeit schließlich, um innerhalb der begrenzten Möglichkeiten neu zu planen, welche der

bisherigen Lebensziele aufgegeben, welche anderen modifiziert werden müssen und welche neuen evtl. stattdessen hinzukommen könnten.

Lebenszielgestaltung: Abschiednehmen von unrealistisch gewordenen Lebensplänen

Das Abschiednehmen von bisherigen Lebensplänen und -zielen ist ein Prozess, der wie andere schmerzliche Abschiede betrauert werden muss und soll.

Beispiel:

Muss ein Patient das Ziel aufgeben, wieder im erlernten Beruf zu arbeiten, weil die Belastung für einen chronisch Kranken dort zu groß ist, bedeutet das auch, sich von all den Vorteilen, Annehmlichkeiten, evtl. auch von dem Sozialprestige, der Anerkennung durch Kollegen usw. zu verabschieden, was einen massiven Verlust an potentiellen Verstärkern bedeutet. Auch der Selbstwert kann davon betroffen sein: Der Status als Rentner vor Erreichen der allgemein üblichen Altersgrenze kann dazu führen, dass sich der Betroffene wertlos, nicht mehr gebraucht, zum „alten Eisen geworfen" fühlt.

Dieser Prozess kann sehr schmerzhaft sein – der Therapeut sollte auf diesen Schmerz des Klienten gefasst sein, den Klienten darauf vorbereiten und ihn in seiner Trauer begleiten und unterstützen. Die Literatur zur Trauerarbeit bietet hier gute Ansätze und Methoden, die auf diese Art des Verlustes adaptiert werden können.

Behutsamkeit bei der Anpassung der Ziele

Die Hinführung zu der oben beschriebenen realistischen Therapieverlaufsgestaltung muss mit großer Behutsamkeit erfolgen. Therapieziele einseitig vorzugeben statt sie mit dem Klienten zu vereinbaren, widerspräche den ethischen Erfordernissen an eine Psychotherapie. Es ist das gute Recht des Klienten, als Ziel „gänzliche Gesundung" anzusehen, der Therapeut darf dies nicht einfach übergehen oder als von vornherein falsch darstellen. Er ist Experte hinsichtlich der Mittel, nicht hinsichtlich Ziele der Therapie (Birnbacher 1996). Allerdings ist es seine Aufgabe, dem Klienten aufzuzeigen, ob und wie diese Ziele mittels Therapie überhaupt erreichbar sind – die Zielvorstellungen zu respektieren heißt nicht, sie ungeachtet ihrer Umsetzbarkeit unreflektiert zu übernehmen. Hier bedarf es einer genauen Verständigung zwischen Therapeut und Klient, an deren Ende immer wieder eine Vereinbarung steht, die beide Teile vertreten können.

Die oft zitierte Maxime, den Patienten „dort abzuholen, wo er ist", gilt hier auch und insbesondere. Gerade der Patient, der mit sehr hohen Erwartungen und Hoffnungen auf schnelle Besserung hochmotiviert eine neue

Therapie beginnt, wird auf eine schnelle und uneinfühlsame Zurückweisung seiner Vorstellungen und Ziele mit Motivationsverlust, vielleicht sogar mit Therapieabbruch reagieren, womit weder ihm noch dem Therapeuten gedient ist („Du kannst nur mit Klienten arbeiten, die anwesend sind." in: „Kanfers 11 Gesetze der Therapie", Kanfer et al. 1996, S.554). Andererseits sollte der Therapeut, wie oben schon angedeutet, vermeiden, zuerst Vorstellungen zu wecken, die von vornherein wenig einlösbar scheinen, um sie dann immer wieder „nach unten" zu korrigieren. Der Klient würde sich – zurecht – getäuscht fühlen und könnte dem Therapeuten – zurecht – mangelnde Transparenz und falsche Versprechungen vorwerfen, was sich auf die therapeutische Beziehung negativ auswirken würde.

Es erfordert großes Fingerspitzengefühl, hier den Mittelweg bei der Zielformulierung zu finden, der sich schlagwortartig formulieren lässt als „so optimistisch wie möglich, aber so realistisch wie nötig".

5)   Planung, Auswahl und Durchführung spezieller Methoden

Grundsätzlich stehen dem Therapeuten eines chronisch depressiven Patienten die gleichen Therapiemethoden zur Verfügung wie dem, der mit einem akut Erkrankten arbeitet – die „maßgeschneiderte Therapie" (Kanfer et al. 1996, S.295), die optimale Passung zwischen Therapeut, Klient und Intervention soll selbstverständlich auch hier angestrebt werden.

So gibt es auch keine ausschließlich oder speziell für chronisch Depressive „passenden" Interventionen – der Therapeut sollte aus seinem breiten Wissen über therapeutisch wirksame Maßnahmen in der Zusammenarbeit mit dem Klienten diejenigen auswählen, die ihm zielführend erscheinen, vgl. z.B. Behandlungsmethoden der kognitiven Verhaltenstherapie (Bsp.: Tabelle 35: Behandlungsphasen und zugeordnete Behandlungsmethoden zur Kognitiven Verhaltenstherapie nach Hautzinger 1998).

Je nach Einzelfall können die Schwerpunkte verschieden gesetzt werden. So kann bei Patienten, die sich im Lauf ihrer langen Erkrankung sehr zurückgezogen haben und in einen Zustand großer Passivität verfallen sind, der Aktivitätsaufbau im Vordergrund stehen: Durch die Planung und Durchführung kleiner Aktivitäten erfährt der Patient – vielleicht erstmals seit langer Zeit wieder –, dass er in der Lage ist, sein Leben und Befinden selbst zu beeinflussen, was der Hilflosigkeit und dem Gefühl der Nicht-Kontrolle entgegenwirkt. Hier haben sich Tages- und Wochenpläne bewährt: Der Patient dokumentiert, was er am Tag getan hat und notiert ebenfalls, wie seine Stimmung dabei war. Durch die Besprechung in der folgenden Therapiestunde wird einerseits dem Getanen eine Bedeutung verliehen, die verstärkend wirkt, andererseits kann der Patient feststellen, ob und wie sein Tun und Lassen sich auf seine Stimmung auswirken kann.

Tabelle 35: Behandlungsphasen und zugeordnete Behandlungsmethoden zur Kognitiven Verhaltenstherapie (Hautzinger 1998)

1. Phase: Schlüsselprobleme benennen
Überblick verschaffen
Kriterien: Dringlichkeit, Wichtigkeit, Veränderbarkeit
Aufbau einer therapeutischen Beziehung
Patienten in negativer Sichtweise akzeptieren
Interesse (aktives Zuhören)
Professionalität (Kenntnis der Störung, Sicherheit)
Arbeitsbündnis, empirisches Vorgehen

2. Phase: Vermittlung des therapeutischen Modells
Zusammenhang von Gedanken, Gefühlen und Verhalten anhand der Erlebnisse des Patienten herausarbeiten
Elemente und Struktur der Therapie ableiten und darstellen

3. Phase: Aktivitätsaufbau
Erfolg-Vergnügen-Technik. Wochenplanung
Gestuftes Vorgehen, realistische Standards setzten den Ablauf planen:
Wie sieht der erste Schritt aus?
Welche Hilfen kann es geben?

4. Phase: Soziale Kompetenz
Rollenspiele, klare Instruktionen, Bezug zu Problemen des Patienten (darf nicht nur dem Therapeuten klar sein!), differenzierte, verhaltensbezogene Rückmeldung, erneutes Üben, Transfer

5. Phase: Kognitive Techniken (werden meist schon beim Aktivitätsaufbau eingesetzt)
Erfassen von negativen Gedanken und Einstellungen
Zusammenhang von negativen Gedanken, Gefühlen und Verhalten verdeutlichen
Kognitionen als Hypothesen, nicht als Fakten
Realitätstestung
Reattribution, alternative Erklärungen
Entkatastrophisieren
Pros und Contras, kurzfristige und langfristige Konsequenzen von Einstellungen

Mit Erfolgs-Vergnügens-Techniken können erste Schritte in Richtung größerer Genussfähigkeit getan werden, was besonders bei Patienten indiziert ist, die im Lauf der Erkrankung „verlernt" haben, wo und wie sie Genuss suchen und auch finden können.

Die Veränderung kognitiver Schemata stellt einen weiteren möglichen Schwerpunkt dar. Hiervon profitieren v.a. diejenigen Patienten, die sehr unter Hoffnungslosigkeit, Selbstvorwürfen und Schuldgefühlen leiden – Symptome also, die im Lauf einer chronischen Depression besonders häufig auftreten bzw. sich durch das lange Lebenmüssen mit der Krankheit verfestigen konnten. Besonders auf die Kognition „Mir ist nicht mehr zu helfen, mir wird es nie mehr besser gehen." sollte hier ein Augenmerk gelegt werden: Ist der Patient davon überzeugt, wird er kaum in der Lage sein, die nötige Mitarbeit in der Therapie zu leisten. Wie unter Kap. 4.3 (Verhaltenstherapeutisch-lerntheoretische und kognitive Modelle) ausgeführt, kann auch die Vermittlung hilfreicherer Coping-Strategien (handlungsorientiert statt lageorientiert, Vermeiden von Grübeln etc.) hier im Sinne kognitiver Umstrukturierung verstanden werden.

Entscheidend wichtig kann auch der Auf- bzw. Ausbau sozialer Kompetenz sein: Interaktionelle Kompetenzdefizite spielen sehr häufig bei der Aufrechterhaltung der Störung eine große Rolle (vgl. Kapitel 4.3: kognitiv-lerntheoretische Modelle, Kapitel 6: Angehörigenarbeit). Lernt der Patient, sich seinen Bezugspartnern wieder auf andere Weise zuzuwenden, kann dies der entscheidende Schritt in Richtung Besserung sein. Methode der Wahl ist hier das therapeutische Rollenspiel (inklusive Lernen am Modell) bzw. die differenzierte Rückmeldung durch den Therapeuten.

Dies nur als Beispiele für mögliche Schwerpunkte und Methoden; weitere bewährte Techniken finden sich z.B. in Hautzinger, M., Stark, W., Treiber, R. (1989): Kognitive Verhaltenstherapie bei Depressionen, Hautzinger, M. (1998): Depressionen, oder Schramm, E. (Hrsg.) (1998): Interpersonelle Psychotherapie bei Depressionen und anderen psychischen Störungen.

(*Anmerkung:* Die Therapiebausteine Angehörigenarbeit und soziotherapeutische Maßnahmen werden zugunsten größerer Übersichtlichkeit später behandelt.)

Eine wichtige Frage bei der Auswahl spezieller Methoden ist auch, wie lange eine Therapie dauert bzw. ob und wann der Übergang von Therapie im engeren Sinn zu einer Langzeit*begleitung* sinnvoll ist. Da Therapie gemeinhin als zeitlich begrenzter Prozess betrachtet wird, wäre diese Fragen also die, wann die „Therapie" endet und etwas anderes – die „Begleitung" – an ihre Stelle treten sollte.

Therapiedauer und Paradigmenfrage: ständige Langzeit-Akutbehandlung vs. Langzeitbegleitung?

Wie bereits ausgeführt, erfordert die Behandlung chronisch depressiv Kranker meist eine längere Therapiedauer als die Therapie nicht-chronisch Kranker. Die Symptomatik mit all ihren Bedingungen und Folgen besteht – per definitionem – schon relativ lange Zeit, konnte sich verfestigen und ist somit Veränderungen gegenüber resistenter als akute Störungen. Sowohl der Klient als auch sein soziales Umfeld müssen schon länger mit den Folgen der Krankheit leben; es hat sich ein wie auch immer gearteter Umgang damit etabliert, der eine Eigendynamik entwickeln konnte, selbst dann, wenn er als schwer aushaltbar erlebt wird (Tab. 36, 37).

Vorteile längerer Therapiedauer-Planung

Eine längere Zeit der Behandlung einzuplanen, entlastet Therapeut und Klient vom oben beschriebenen Druck, jedes Stagnieren als Misserfolg und Grund zu Zweifeln einzuordnen. So wird Raum für langsame Veränderungen geschaffen. Der Klient kann so von dem Gefühl entlastet werden, sein Bemühen durch „Fortschritte" permanent unter Beweis stellen zu müssen, er darf vorübergehend innehalten und so „sein, wie er ist". Angesichts der oben beschriebenen Schwierigkeiten die beim Aufbau einer tragfähigen

Tabelle 36: Depression im Lebenszeitverlauf. *Therapieprinzip bei Chronifizierung: Paradigmenwechsel

Chronische Depression
- ➤ **und „Langzeit-Akuttherapie"?**
  - • Antidepressiva-Wechsel; -Kombinationen von AD bzw. mit Neuroleptika;
  - • Augmentation mit Lithium, Schilddrüsenhormonen, und anderem
  - • differentielle Psychotherapieformen
  - • Lichttherapie, Schlafentzug und anderes

Chronische Depression
- ➤ **und „Langzeitbegleitung"?**
  - • konstante Psychopharmakotherapie
  - • Verschlechterungsprophylaxe
  - • differentielle Psychotherapie (niederfrequent? bei Krisen engmaschig)
  - • Angehörigenarbeit
  - • Soziotherapie
  - • Selbsthilfegruppen

therapeutischen Beziehung auftreten können, kann anfangs ein intensiverer Kontakt mit häufigeren Sitzungen hilfreich sein: So kann frühzeitig die nötige vertrauensvolle Basis geschaffen werden, auf die die späteren therapeutischen Handlungen aufbauen können. Versäumt man das und widmet dieser Grundvoraussetzung zuwenig Zeit und Energie, wird diese Basis nicht tragfähig genug sein, und es werden auch die besten therapeutischen Strategien und Methoden wenig nützen. Wichtig ist auch, dass mangelnder Fortschritt und ausbleibende Symptombesserung nicht etwa als Gründe angesehen werden sollten, die Therapie zu beenden, wie oben ausgeführt. Im Gegensatz dazu sollte sich der Patient sicher sein können, dass er sich auf die Unterstützung des Therapeuten verlassen kann, auch und gerade wenn er noch länger krank ist und bleibt – und ebenso, wenn es ihm langsam besser geht: Geht der Klient von der Vorstellung aus, dass jede Besserung eine Verringerung der therapeutischen Zuwendung bedeuten würde, würde dies eine Bestrafung durch Verlust (C^{+}) im Sinne der Lerntheorie darstellen und folgerichtig dazu führen, dass dieses „Verhalten" seltener wird bzw. gar nicht erst eintreten kann – in anderen Worten: Der Klient wird sich nicht „trauen", gesünder zu werden bzw. diesen Fortschritt zu zeigen.

Wichtig ist also der regelmäßige, konstant zur Verfügung stehende Kontakt in einem Ausmaß, das sowohl für den Klient als auch für den Therapeuten – und ggfs. dessen Institution – tragbar ist. Die Sicherheit, einen festen Ansprechpartner auch über längere Zeit hin zu haben, wirkt gerade auf Patienten stützend, die im Verlauf ihrer Erkrankung schon viele Wechsel ihrer professionellen, vielleicht sogar auch ihrer nicht-professionellen Bezugspersonen erlebt haben. Natürlich soll der Therapeut das „natürliche" soziale Umfeld nicht komplett und auf Dauer ersetzen, er kann aber vorübergehend als Überbrückung und Bindeglied dienen, bis das soziale Feld (wieder-) aufgebaut oder reaktiviert ist (vgl. Kap. 6).

Niederfrequente therapeutische Kontakte
Im Verlauf der Behandlung soll der Kontakt dann, wenn möglich, reduziert werden: Ein niederfrequentes Angebot an therapeutischen Kontakten ist sowohl vom kostentechnischen als auch von einem anderen Standpunkt aus ein erstrebenswertes Ziel: Kommt der Patient im Lauf der Zeit mit weniger professioneller Hilfe aus, kann dies als Erfolg und Fortschritt im Sinne des Selbstmanagements gewertet werden. Beim Auftreten von – negativen wie auch positiven – Veränderungen, die therapeutisch bearbeitet werden sollten, können vorübergehend wieder engmaschigere Kontakte stattfinden, allerdings ist – wie oben ausgeführt – auch hier wieder darauf zu ach-

ten, dass der Patient nicht „kränker werden – oder bleiben – muss, um mehr Therapie zu erhalten", d.h. er sollte es nicht als Bestrafung erleben, wenn der Kontakt nach Bestehen einer Krise wieder reduziert wird. Wurde mit ihm ein Therapiemodell erarbeitet, das den oben angesprochenen Gedanken größerer Autonomie als Therapieziel beinhaltet, kann der Klient selbst das Reduzieren der Kontakte als Erfolg verstehen lernen.

Inhalt der Therapie
Eng mit der Frage nach genereller Therapiedauer verknüpft ist der Inhalt dieser längerfristig angelegten Therapie: Geht es um ständige Langzeit-Akutbehandlung oder um eine Langzeitbegleitung? Ob und wann der Schritt vollzogen werden soll von der Suche nach Möglichkeiten der „Heilung" auf Symptomebene hin zu einer Behandlung, die den Patienten darin unterstützt, mit den bestehenden Behinderungen, Symptomen und Einschränkungen leben zu lernen – diese Frage ist prinzipiell ungeklärt und kann wohl auch kaum ein für alle mal und für alle Patienten gleich beantwortet werden, zumal es sich, wie oben ausgeführt, um eine ausgesprochen heterogene Gruppe handelt.

Für beide Standpunkte lassen sich gute Gründe anführen:
Langzeit-Akuttherapie bietet die größere Gewähr, dem Patienten alle Möglichkeiten einer potentiell wirksamen Behandlung zu bieten, die nach dem derzeitigen Stand der klinischen Forschung berechtigte Aussicht auf Erfolg haben. Dies *grundsätzlich* zu gewährleisten, ihm also keine Behandlung vorzuenthalten, die ihm wahrscheinlich helfen würde, gehört zu den ethischen Grundprinzipien medizinischen und psychotherapeutischen Handelns und ergibt sich aus der Fürsorgepflicht des Therapeuten. Auch kann dem Patienten so vermittelt werden, dass der Therapeut ihn eben nicht für einen „hoffnungslosen Fall" und dass er Besserung für möglich hält, was sich positiv auf die Therapiemotivation auswirken wird. Andererseits kann genau diese Haltung auch dazu führen, dass der Patient immer wieder frustriert wird, dass die Hoffnungen, die er z.B. auf eine erneute medikamentöse Umstellung gesetzt hat, enttäuscht werden. Der Aufwand an Mitarbeit und Anstrengung, den der Patient einbringt, sowie auch die psychische Energie, die für jeden „neuen Versuch" nötig sind, werden nicht belohnt.

Diese häufigen Misserfolgserlebnisse können in der Langzeitbegleitung vermieden werden.

Fähigkeit des Patienten, sich auf veränderte Ziele einzulassen
Allerdings setzt diese Haltung andere Hürden: Der Patient muss sich darauf einstellen lernen, dass er nicht „bald wieder ganz gesund" sein wird. Er muss sich mit dem Gedanken vertraut machen, dass er ein Leben mit Behinderung führen, dass er sich in vielen Lebensbereichen umstellen wird müssen. Er muss sich von einigen seiner bisherigen Lebenspläne und -rollen verabschieden (vgl. oben: 4) Vereinbaren therapeutischer Ziele), sich mit der Vorstellung konfrontieren, dass es möglich ist, nie mehr „ganz der Alte" zu werden. Nicht jeder wird das können – oder auch nur „wollen können". Ein wichtiger Parameter der Entscheidung für eine der beiden Haltungen ist also, inwieweit der Patient in der Lage ist, sich auf diese Vorgehensweise einzulassen, ob es ihm möglich ist, sich dieser Zukunftsplanung – schon – zu stellen. „Schon" deshalb, weil diese Fähigkeit evtl. auch erst im Lauf der Therapie entwickelt werden kann: Ein Patient, der mit dem Therapieziel „vollkommene Wiederherstellung aller früherer Fähigkeiten" in die Behandlung kommt, soll und kann nicht von einem Termin auf den nächsten zu „sich Abfinden mit Einschränkungen" quasi überredet werden. Kommt der Therapeut zu dem Schluss, dass diesem Patienten mit letzterem Ziel besser geholfen werden kann, muss er sich und dem Patienten viel Zeit lassen, um diese neue Lebensperspektive vorsichtig einzuführen.

Wichtige Parameter bei der Entscheidung für eine der beiden Vorgehensweisen ist also die Fähigkeit des Patienten, sich darauf einlassen zu können – ist es ihm möglich, den Schritt von Akuttherapie zu Begleitung hin mitzugehen? Wenn ja, wie viel Zeit braucht er für diesen Schritt? „Lohnt" er sich für ihn, steht der Aufwand im Verhältnis zum Nutzen – oder wäre ihm mit einer Fortführung der Akuttherapie mehr gedient, etwa, weil er die Umstellung auf Langzeitbegleitung als Aufgeben und Grund zur Hoffnungslosigkeit missversteht, weil er zu sehr einem Behandlungsmodell verhaftet ist, bei dem „etwas getan werden muss" oder weil er die Rolle als behinderter Mensch als zu bedrohlich für sein Selbstverständnis ansieht, um sie annehmen zu können? Die Klärung dieser Frage hängt also auch eng zusammen mit den Fragestellungen in Phase 2) Aufbau von Änderungsmotivation und derer der in Phase 4) Vereinbaren therapeutischer Ziele. Wie durch die nach oben gerichteten Pfeile im Modell angedeutet, können und sollten beim Auftreten von Fragen aus „früheren" Phasen diese erneut durchlaufen werden.

Zeitlicher Verlauf der Therapie, Phase im Therapieprozess
Ein weiterer Parameter ist der zeitliche Verlauf der Therapie: Gerade zu
Beginn gibt es noch viele therapeutische Einflussmöglichkeiten, die vielver-
sprechend erscheinen, die nachweislich wirksam bei Depressionen sind
und noch nicht oder nur unzureichend umgesetzt und ausgeschöpft wurden. Dies gilt sowohl für die somatischen als auch für die psychotherapeutischen Behandlungsformen. Sind diese Möglichkeiten vorerst ausgeschöpft, kann über den Übergang zu Langzeitbegleitung nachgedacht werden. In deren Verlauf kann es dann auch wieder zu Bedingungen kommen,
die eher Akuttherapie nötig machen, z.B. Veränderungen der Lebensge-
wohnheiten durch kritische Lebensereignisse, neu auftretende Konflikte,
aber auch bisher unentdeckte Ressourcen oder spontane Remissionen
bestimmter Symptome. Das kann, wie oben angedeutet, in vorübergehend
wieder höherfrequenten therapeutischen Sitzungen bearbeitet werden, die
dann eher wieder den Charakter einer Akutbehandlung haben werden.

Äußerer Rahmen
Schließlich spielt aus ganz pragmatischer Sicht auch der äußere Rahmen
der therapeutischen Möglichkeiten eine Rolle (vgl. Phase 1) Schaffung günstiger Ausgangsbedingungen, Optimale Gestaltung der äußeren Therapiesituation): Ist es formal überhaupt möglich, dem Klienten das Ausmaß an
therapeutischer Hilfe zukommen zu lassen, die für eine Akuttherapie im
eigentlichen Sinn nötig ist? Kann man dem Klienten z.B. eine höherfrequen-
te Therapie über einen längeren Zeitraum überhaupt anbieten oder sind
aus kostentechnischen und/oder personellen Gründen nur niederfrequente
Kontakte möglich, was eine Akuttherapie schwieriger als die Langzeitbegleitung machen würde? Denn die beste Therapieempfehlung hilft dem
Klienten nicht, wenn sie nicht oder nur in unzureichendem Maße auch
umgesetzt werden kann – bei z.B. nur sechswöchigem psychotherapeuti-
schem Kontaktangebot wird es schwierig sein, konkret und kontinuierlich
an aktuellen therapeutischen Problemen zu arbeiten. (Sollte sich allerdings
herausstellen, dass die Langzeitakutbehandlung tatsächlich insgesamt bessere Ergebnisse bei der Behandlung chronisch Depressiver erbrächte, müsste überlegt werden, wie dies für mehr Patienten finanzier- und leistbar wäre, was dann aber weniger eine Fragestellung für Therapeuten als mehr für
die Gesundheitspolitiker wäre.)

Die Wahl des Behandlungsprinzips ist also nichts von vornherein und für
die ganze Therapie Feststehendes, sondern kann und soll sowohl den Be-
dürfnissen und Fähigkeiten des Patienten wie auch den Erfordernissen des
Therapieverlaufs angepasst werden.

Tabelle 37: Anhaltspunkte für die Entscheidung Langzeit-Akutbehandlung vs. Langzeitbegleitung

- **Welche Therapieformen wurden bereits erprobt?**
- **Gibt es nachweislich wirksame therapeutische Strategien, die noch nicht oder nicht im richtigen Ausmaß eingesetzt wurden?**
- **Sind Therapieversuche an mangelnder Compliance gescheitert?**
- **Ist der Klient in der Lage, sich auf den Übergang zu einer Langzeitbegleitung einzustellen? Wenn nicht: Besteht Aussicht, dass er in der Therapie lernt, sich mit den Implikationen dieses Ansatzes zu konfrontieren?**
- **In welcher Phase befindet sich die Therapie?**
- **Äußerer Rahmen: Bestehen Möglichkeiten, eine Langzeit-Akuttherapie im erforderlichen Ausmaß durchzuführen?**
- **Ist ein Wechsel zwischen beiden Behandlungsprinzipien innerhalb der Therapie sinnvoll und möglich?**

Ebenso wenig für die ganze Behandlung feststehend ist die Entscheidung für ein therapeutisches Setting: Zu Beginn der Therapie muss zwar zuerst die Frage geklärt werden, ob man den Patienten besser ambulant oder stationär behandeln sollte (vgl. 1) Eingangsphase: Optimale Gestaltung der äußeren Therapiesituation). Doch diese Entscheidung gilt ebenso nur „bis auf weiteres"; auch hier sollte möglichst flexibel die für den Patienten derzeit beste Form der Therapie gewählt werden.

Therapeutisches Setting: Stationär versus ambulant
Der Übergang zu einem Langzeitkonzept der Therapie mit den beschriebenen Merkmalen scheint implizit die Maßgabe zu beinhalten, chronisch depressive Patienten eher ambulant als stationär zu behandeln. Dies trifft insoweit auch zu, als es nicht sinnvoll sein kann, eine niederfrequente, begleitende Behandlung längerfristig im Krankenhaus durchzuführen. Allerdings ist gerade zu Beginn und bei Verschlechterungen in den Phasen der Langzeitbegleitung das stationäre Behandlungssetting ein notwendiges und wichtiges Modul innerhalb der Therapie. Wie oben beschrieben, kommen auch und gerade bei chronischen Verläufen nicht nur leichte und mittlere, sondern auch schwere Symptomausprägungen vor, die einer intensiven Betreuung innerhalb eines geschützten Rahmens bedürfen – Hoffnungslosigkeit, damit auch die Gefahr erhöhter Suizidalität, starke Einschränkungen

im Leistungsbereich, die damit verbundenen Defizite in der Bewältigung des täglichen Lebens sowie extreme Belastung der interpersonellen Beziehungen seien hier noch einmal als Stichworte genannt und verdeutlichen die Notwendigkeit, diese Patienten stationär zu behandeln. In der oben eingeführten Terminologie hieße das, dass in den Phasen der Akutbehandlung – initial oder im Krisen- bzw. Verschlechterungsfall – ein auf diese Phasen begrenzter stationärer Aufenthalt nicht nur ein, sondern *das* Mittel der Wahl ist. Hier können die Maßnahmen der Akuttherapie sowie auch und besonders die Vorbereitungen zum Übergang auf Langzeitbegleitung mit einem hohen Maß an Effizienz umgesetzt werden: Die Suche nach dem Antidepressivum mit bestem Wirkungs- und Nebenwirkungsprofil, Aktivierung, Tagesstrukturierung, psychotherapeutische Bearbeitung von krankheitsaufrechterhaltenden Faktoren, psychoedukative Maßnahmen, Einleitung von psychosozialen Veränderungen und schließlich die Vorbereitung auf ein niederschwelligeres Behandlungssetting ambulant können hier in hoher Dichte und sinnvoll aufeinander abgestimmt umgesetzt werden, sodass die Phase der Akuttherapie sich kürzer gestalten läßt als das in einem ausschließlich ambulanten Setting möglich wäre.

Konzeptuell sind hier Spezialstationen bzw. qualifizierte stationäre Behandlungssettings im Sinne der „inneren Differenzierung" von Fachkrankenhäusern und Abteilungen für depressiv kranke Menschen am besten geeignet, die angeführten Behandlungselemente vorzuhalten. Gerade die schwierige Patientengruppe der chronisch Depressiven bedarf großer Erfahrung in der Behandlung und ein speziell auf die Bedürfnisse des einzelnen abstimmbares Angebot an fachärztlicher, -psychologischer, sozialpädagogischer und pflegerischer Hilfe. Die Tabellen 38 und 39 zeigen in Schlagworten, was unter einer Depressionsstation verstanden wird und die wichtigsten therapeutischen Bausteine heutiger Therapiekonzepte.

Vom Gesichtspunkt der Versorgungsstruktur aus gesehen sollte eine hohe Vernetzung von voll-, teil- und nachstationären Behandlungsmaßnahmen angestrebt werden. Das Konzept der teilstationären Behandlung, das z.B. in Dänemark in „affective disorder units" erprobt wurde, scheint sich auch an einigen deutschen Depressionsstationen zu bewähren, wo es seit mehreren Jahren angewandt wird. Dabei handelt es sich um „integrierte Tagesklinikplätze", die an die vollstationäre Behandlung angeschlossen werden. Der Patient erhält also nach der vollstationären Behandlung einen tagesklinischen Platz auf derselben Station, es findet kein Wechsel im Behandlungssetting oder -team statt. Der Übergang von voll- zu teilstationärer Behandlung ist somit kontinuierlich und damit für den Patienten auch leichter zu

Tabelle 38: Depressionsstationen – Begriffsbestimmung

Depressionsstationen sind stationäre Akut-Behandlungseinheiten offen, gemischtgeschlechtlich – zur Therapie schwer kranker primär depressiver Patienten.

Depressionsstationen dienen der zeitlichen und räumlichen Verdichtung aller klinisch sinnvollen und wissenschaftlich belegten, heute möglichen Maßnahmen in einem optimal förderlichen Setting.

Depressionsstationen sind Übungs-, Erfahrungs- und Schonraum für „antidepressives" und antisuizidales Verhalten.
Patientengruppe: suizidale Depressive, Depression mit Wahn, mit sog. Therapieresistenz, mit Suizidversuch, in schwieriger sozialer Situation, alte Depressive, chronisch Depressive, Erst- und Mehrfacherkrankte.

Behandlungsziele: Symptombesserung, Wiederherstellung von Arbeits- und Beziehungsfähigkeit, Rückfallprophylaxe und Vermeidung von Chronifizierung, Veränderung depressiogener Persönlichkeitsstruktur-, Beziehungs- und Umweltfaktoren.

Kontraindikationen: Depression bei Schizophrenie, Suchtkrankheiten, Persönlichkeitsstörungen.

Stationäre Aufenthaltsdauern 4-12 Wochen

derzeit ca. 80 Depressionsstationen in Deutschland (meist in psychiatrisch-psychotherapeutischen Versorgungskrankenhäusern sowie an einigen Universitätskliniken)

leisten als bei einem Wechsel in eine eigenständige Tagesklinik. Auch der unkompliziertere Übergang von einer Behandlungsart in die andere – sowohl voll- zu teilstationär wie auch umgekehrt – möglich ist, erlaubt ein flexibleres und auch „risikofreudigeres" Wechseln: So können gegen Ende der vollstationären Behandlung therapeutische Belastungserprobungen mit Übernachtungen und Wochenendbeurlaubungen den Wechsel ins teilstationäre Setting quasi schon „simulieren" – der „tatsächliche" Übergang stellt dann eine weniger große Hürde dar, da sich nur der formelle Status ändert, die Bedingungen aber ähnlich bleiben. So kann der Versuch teilstationärer Behandlung mit weniger großem Aufwand auch schon eher einmal „auf Probe" gemacht werden, die Rückkehr ins vollstationäre Setting ist,

Tabelle 39: Therapeutische Bausteine des Depressionskonzeptes

Einzelpsychotherapie
Zur Bearbeitung individueller Psychodynamik
Gruppenpsychotherapie
Zur Bearbeitung interaktioneller Inhalte, wie z.B. Selbstwertproblematik,
Leistungs- und Normorientierung, Verlusterfahrungen
Bezugspflege, förderliche stationäre Atmosphäre, psychotherapeutisches
Basisverhalten
Aktivierung
Erlebnisorientierte Therapie
- Ergotherapie, ergotherapeutische Leistungsdiagnostik, Gestaltungsgruppe
- Sporttherapie: Morgengymnastik, Tanz und Bewegung
  Körperwahrnehmung, Schwimmen
- Entspannungstherapie: Progressive Muskelrelaxation, Musikentspannung
- Maltherapie, Musikgruppe
- Genusstraining
Soziales Kompetenztraining
Soziotherapie, sozialarbeiterische Maßnahmen
Aktivierungsgruppe, Freizeitgruppe
Angehörigenarbeit
- Angehörigengruppe, Paar- und Familiengespräche
Psychoedukative Gruppe
Psychopharmakotherapie
Andere biologische Therapieverfahren wie Lichttherapie, Schlafentzug
**Zusammenarbeit mit ambulanten psychosozialen Einrichtungen in den
Gemeinden** (z.B. SPDI, AGUS, kirchlicher Besuchsdienst) sowie Selbsthilfe-
gruppen für Depressive

wenn nötig, dann ein weniger großer Einschnitt und kann leichter als noch nicht geglückter Versuch interpretiert werden, als das bei einer missglückten Übernahme auf eine selbständige Tagesklinik der Fall wäre, wo durch die Formalitäten und den größeren Aufwand der Wiederaufnahme auf der ursprünglichen Station eher das Gefühl des Versagthabens entstehen kann. Der Wechsel ist also niederschwelliger und damit gerade für einen chronisch Kranken besser leistbar und weniger bedrohlich.

Ähnlich verhält es sich mit dem Übergang von (teil-) stationärer Behandlung in ambulante Behandlung. Hier hat eine hohe Vernetzung der beiden Behandlungsformen hohe Priorität. Ziel wäre hier, bereits während der stationären Behandlung eine Verbindung mit den nachbehandelnden Institutionen und Personen herzustellen. Da Depressionsstationen in der Regel regional eingebunden sind, bieten sich hier optimale Möglichkeiten, eine gute Zusammenarbeit mit dem gemeindepsychiatrischen Versorgungsnetz herzustellen und zu pflegen. So wird gewährleistet, aus den vorhandenen Angeboten ein individuell passendes Versorgungskonzept für den einzelnen Patienten zusammenzustellen – die Mitarbeiter der Depressionsstationen können dabei auf ihr fundiertes Wissen und ihre Erfahrungen über und mit den einzelnen Diensten zurückgreifen und somit als eine Art Koordinator für die Weiterbehandlung tätig werden.

Durch eine gute Informationsstruktur zwischen beiden Formen der Behandlung wäre so eine schnellere und leichter zu organisierende Einbindung des Patienten nach dem Klinikaufenthalt zu gewährleisten: auf der einen Seite die Depressionsstation bzw. Fachabteilung des Krankenhauses, auf der anderen ambulante Institutionen wie z.B. der weiterbehandelnde Nervenarzt, Sozialpsychiatrische Dienste (SPDi), häusliche Pflege durch Sozialstationen, ambulante psychiatrische Pflege, etc. (vgl. Abbildung 18).

Besonders die nervenärztliche und psychotherapeutische Weiterbehandlung sollte bereits während des stationären Aufenthaltes geklärt werden. Dies bietet sich umso mehr an, als es erfahrungsgemäß zu langen Wartezeiten besonders auf Psychotherapieplätze kommen kann. Eine Überbrückungsmöglichkeit bis zum Beginn einer psychotherapeutischen Nachbetreuung bieten psychotherapeutische Plätze innerhalb der psychiatrischen Institutsambulanzen, die zumindest für einige Zeit nach dem stationären Aufenthalt gewährleisten sollen, dass der Patient kompetentes Fachpersonal als Ansprechpartner gerade während der schwierigen Zeit der Wiedereingliederung zur Seite hat, wenn auf Seiten der niedergelassenen Ärzte bzw. Psychotherapeuten keine Kapazitäten zur Verfügung stehen. Diese Alternative bietet zudem den Vorteil, dass durch eine enge Vernetzung der Ambulanz mit dem stationären Personal bereits während des Aufenthaltes ein Kontakt des Patienten zum nachbehandelnden Therapeuten hergestellt werden kann, was wiederum den Übergang (teil-)stationäre Behandlung–ambulante Behandlung erleichtert. Der Wechsel zu einer Therapie oder Begleitung durch einen niedergelassenen ärztlichen oder psychologischen Psychotherapeuten kann dann der nächste Schritt sein. In Ausnahmefällen kann auch eine Weiterbehandlung über einen längeren Zeitraum durch die Institutsambulanz sinnvoll sein, etwa, wenn auch fachpflegerische Betreuung indiziert ist: Die enge Vernetzung Arzt/Psychologe–Fachpflege und ggfs. Ergo-, Kunst-, Sporttherapeut am Haus, in das der Patient ambulant kommt, trägt dazu bei, die Kontinuität der Behandlung zu sichern und dem Patienten ein Gefühl des Aufgehobenseins und der Zuge-

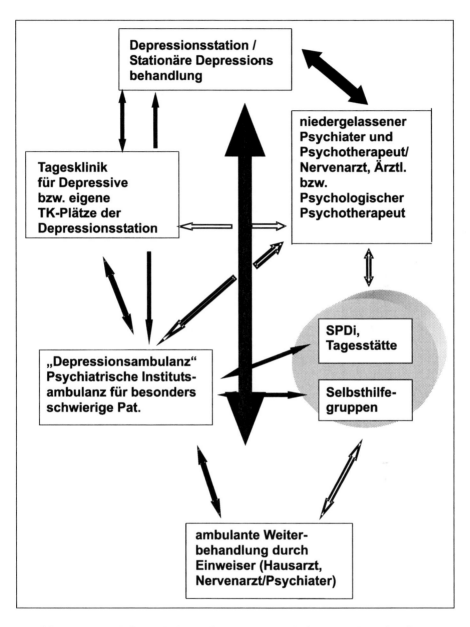

Abbildung 18: Modell mögliche Verknüpfungen ambulanter, teil- und vollstationärer Depressionsbehandlung

hörigkeit zu vermitteln, von dem aus er sich in Richtung zunehmender Autonomie weiterentwickeln kann. Ebenso denkbar und praktisch gut umsetzbar ist eine gemeinsame Betreuung durch niedergelassene Therapeuten, v.a. Nervenärzte, und Mitarbeitern der psychiatrischen Kliniken. Eine enge Zusammenarbeit und wechselseitiges Informieren über die durchgeführten Behandlungsschritte kann dieses Setting zu einer hilfreichen Alternative für den Patienten machen.

Die so skizzierte fortschreitende Reduktion an Betreuungsdichte – stationär, teilstationär, ambulant am Haus und in der Gemeinde – findet somit in kleinen Schritten statt und umgeht so einige der Gefahren, die bei Wechseln des Settings und abrupten Verringerung der engmaschigen Behandlung drohen können.

Exkurs: *Chronisch Depressive in der stationären Therapie – Besonderheiten und Problemfelder*
Bei der stationären Behandlung nehmen chronisch Depressive eine besondere Rolle innerhalb der Patientengemeinschaft und in ihrer Interaktion mit dem Behandlungsteam ein (Tab. 40).

Die oben beschriebenen Eigenarten der therapeutischen Beziehung zwischen Bezugstherapeut und Patient gelten analog auch in der *stationären* Einzelbehandlung. Doch ebenso kann es im Umgang mit chronischen Patienten in den Gruppentherapien, in den pflegerischen, soziotherapeutischen, ergo-, kunst- und sporttherapeutischen Therapieeinheiten und im stationären Alltag zu Problemen kommen, die das behandelnde Team reflektieren und auf die es sich einstellen sollte. Teamsupervision sollte hier deshalb auch zum Standard gehören.

Besonders gelten die folgenden Hinweise für diejenigen chronisch Kranken, bei denen der Verlauf langwierig, die Symptombesserung schleppend und der Behandlungserfolg nicht in dem gewünschten Ausmaß eintritt, kurz: für die Subgruppe der sog. therapieresistenten Patienten (zugleich sei noch einmal darauf hingewiesen, dass chronisch und therapieresistent zwei unterschiedliche Phänomene bezeichnen).

Geduld mit dem und „für" den Patienten
Zunächst sollte das behandelnde Team (analog den Ausführungen zur Einzeltherapie oben) die Einstellung verinnerlichen, dass bei diesen Patienten Geduld das oberste Gebot ist – Geduld sowohl *mit* dem Patienten, seinem oft klagsamen Verhalten und seiner erlebten Unfähigkeit, sich adäquat zu beteiligen, als auch mit der häufig zu beobachtenden Ungeduld des Patienten mit sich selbst – man könnte hier in Analogie zum Begriff der stellver-

tretenden Hoffnung von einer „stellvertretenden Geduld" des Behandlung-steams sprechen: Im Umgang mit dem Team, das dem schleppenden und oft für alle sehr belastenden Verlauf mit Geduld und ohne Gereiztheit begegnet, kann der Patient ein Modell finden, wie er selbst mit seiner Krankheit und sich selbst *in* seiner Krankheit gelassener und entspannter umgehen kann.

Das kann u.a. bedeuten, dem Patienten weder explizit noch implizit zum Vorwurf zu machen, dass er „anders" ist als viele der anderen Patienten, dass er die Möglichkeiten der Angebote nicht ähnlich gut nutzen kann wie die anderen, dass er „anstrengender" und ein „weniger dankbarer" Patient ist – im übertragenen wie manchmal auch wörtlichen Sinn. Der gleichsam wertende Vergleich mit anderen Patienten – sei es gedanklich, im Teamgespräch und natürlich am meisten im Gespräch mit dem Patienten – sollte vermieden werden („Jetzt nehmen Sie sich doch mal ein Beispiel an Herrn XY, der versucht's doch auch, obwohl es ihm so schlecht geht." o.ä.).

Tabelle 40: Besonderheiten im stationären Umgang mit chronisch depressiven Patienten, v. a. bei geringer Therapieresponse bzw. Therapieresistenz

- **Geduld des Behandlungsteams *mit* dem Patienten und stellvertretend *für* ihn:**
  Modellfunktion des Teams für die Bewältigung des schwierigen Verlaufs

- **Gefahr, sich durch den Vergleich mit schneller genesenden Mitpatienten subjektiv als Versager zu fühlen**

- **Verstärkermöglichkeiten, die der Patient im Vergleich zu anderen nicht/weniger hat:**
  - keine Vorbildfunktion für Neuankömmlinge
  - kein Vorteil des „Neuem" bei wiederholter stationärer Behandlung
  - keine geteilte Freude mit Mitpatienten und Behandelnden über eigene Fortschritte

- **Gefahr, sich durch den Vergleich mit anderen zu stark unter Druck zu setzen, weil Gesundwerden als zu erbringende Leistung gesehen wird, die nicht „geschafft" wird**

- **Gefahr, dass der Patient in eine nicht hilfreiche Sonderrolle gerät:**
  - der „sich am meisten bemühende Patient"
  - der „Kränkste", der „aussichtsloseste Fall"
  - der „alles kritisierende Patient"

Gefahr, in eine Außenseiterposition zu geraten
Der Patient muss im stationären Alltag selbst täglich miterleben, dass er sogar hier, unter anderen Kranken, die doch „angeblich dieselben Probleme haben wie er", auch wieder eine Außenseiterposition und die Rolle desjenigen einnimmt, der etwas „nicht so gut macht wie die anderen", der selbst hier, im Krankenhaus, „versagt". Gelingt es nicht, dem Patienten ein anderes Verständnis seines Krankheitsverlaufes zu vermitteln, fühlt er sich tatsächlich als „Versager" oder hoffnungsloser Fall, kann dies zu Haltungen führen, die der Behandlung nicht zuträglich sind (vgl. unten).

Weniger potentielle Verstärker
Zudem bleiben dem Patienten einige Verstärkungsmöglichkeiten versagt, die anderen Erkrankten zugute kommen. So kann er beispielsweise anderen, eben neu aufgenommenen Patienten nicht, wie andere, als eine Art „Vorbild" dienen, indem er ihnen durch die eigenen erreichten Fortschritte Mut machen kann („Als ich hier aufgenommen wurde, ging's mir genauso schlecht wie Dir, aber jetzt ist es schon viel besser geworden.") oder ihnen Tipps geben, was ihm geholfen und eine Besserung bewirkt habe – beides Verhaltensweisen, die verstärkend wirken und das eigene Selbstbild in positiver Weise beeinflussen können. Bei wiederholtem Aufenthalt fällt zudem die Wirkung des Neuen, noch nicht Erlebten weg, die erstmalig stationär Behandelte erleben und die ihnen Mut machen kann, diesem Neuen innerlich gleichsam die Chance zu geben, *die* Behandlung zu sein, die helfen wird. Je häufiger der Patient bereits auf derselben Station in Behandlung war und je öfter er dabei erfahren musste, dass die Behandlung nur wenig bewirkt hat, desto schwerer wird es ihm fallen, die Behandlung innerlich nicht abzuwerten oder von ihr Hilfe zu erwarten (Andererseits kann gerade die gemachte Erfahrung, dass frühere Aufenthalte wider Befürchten zu einer Besserung geführt haben, eine Erwartung und Hoffnung in die andere Richtung wecken, die einen hohen Motivationsschub bedeuten kann.)
Weiterhin fehlt diesem Patienten im Vergleich zu therapierespondenten Patienten die Verstärkung durch die gemeinsame Freude mit den Mitpatienten und den Behandelnden („Das ist aber schön zu sehen, Frau XY, dass es Ihnen jetzt schon besser geht."), das Lob für und der Stolz auf seine Fortschritte. Da viele Depressive sehr leistungsorientiert, perfektionistisch wie auch sehr erfinderisch darin sind, aus Dingen einen Wettbewerb mit Gewinnern und Verlierern zu machen, ist die Gefahr gegeben, die „Aufgabe Gesundwerden" unter ähnlich rigide Ansprüche an sich selbst zu stellen und sich für ein subjektiv erlebtes Versagen zu verurteilen. In Gruppen wie der stationären Gemeinschaft ist diese Gefahr natürlich noch einmal größer

als in einzeltherapeutischer ambulanter Behandlung, wo sich Vergleichs-
möglichkeiten weniger stark aufdrängen.

Mögliche Sonderrollen
Der Patient läuft also Gefahr, in eine Sonderrolle zu geraten – die allerdings
ganz verschieden aussehen kann. Einerseits kann der Patient sich durch
den Vergleich, bei dem er subjektiv permanent unterliegt, stark selbst unter
Druck setzen, er kann versuchen, „mit Gewalt gesund" werden zu wollen
– etwa, indem er um immer neue Therapieangebote bittet, bei „allem mit-
machen" will, die Therapeuten mit eigenen Vorschlägen überhäuft, was
noch helfen könnte, ständig auf der Suche nach noch einer neueren, besseren, endlich anschlagenden Therapie ist, versucht, „alles" über die Krankheit zu erfahren, was möglich ist oder sich in seinen Anstrengungen und in
der Teilnahme an den Therapieangeboten über Gebühr verausgabt. Dass
diese Haltung das Gegenteil der oben beschriebenen Gelassenheit und
Ruhe darstellt, die gerade bei schwierigen Verläufen geboten wäre, um
Besserung zu ermöglichen, liegt auf der Hand.
    Einen anderer Sonderweg stellt – salopp gesagt – die Rolle desjenigen
dar, der, „wenn er schon nicht der am schnellsten Gesundende sein kann –
so wenigstens der Kränkste sein möchte", um so Zuwendung und eine Art
von besonderem Status vor sich selbst wie vor anderen zu haben. Das
Einnehmen dieser Rolle verhindert jede Besserung bereits im Ansatz, da das
innerhalb dieser Betrachtungsweise eine Einbuße an Status bedeuten würde. Besonders schwierig kann es werden, wenn mehrere Kranke in einen –
nur auf den ersten Blick absurden – Wettstreit miteinander treten, wer nun
„kränker" ist und der „schlimmste Fall" – die ursprünglich geltenden Kriterien („gesünder = besser") werden somit umgedreht.
    Damit verbunden kann evtl. die Rolle desjenigen sein, der alles, was auf
der Station vermeintlich oder wirklich nicht funktioniert, moniert, anpran-
gert und beklagt, allem voran die therapeutischen Angebote, die ja – der
Beweis ist der Patient selbst – nicht, zu wenig oder nicht auf Dauer helfen
oder geholfen haben. Verhängnisvoll ist diese Rolle auch deshalb, weil sich
der Patient damit automatisch in Opposition zum Behandlungsteam bege-
ben muss, dieses – wenn es die Mechanismen nicht durchschaut und ge-
gensteuert – gegen sich aufbringt, selbst zum „unangenehmen Patienten"
avanciert und sich so auch die Verstärkungsmöglichkeiten verbaut, die
sonst aus der Empathie und der Unterstützung des Teams resultieren könnten – was wiederum zu einem Teufelskreis führt, da so die Besserung immer unwahrscheinlicher wird. Bezieht der Patient auch Mitpatienten in sein
Verhalten ein, kann dies zu einer extremen Verschlechterung der sonst als

sehr hilfreich erlebten guten Stationsatmosphäre führen, ein Wirkfaktor, dessen Wegfall nicht zu unterschätzen ist.

Möglichkeiten, um als Team hier nicht in eine Interaktion zu geraten, die weder für den Patient noch für die Mitglieder des Teams selbst angenehm und hilfreich ist, bieten folgende Haltungen und Rahmenbedingungen:

- eine regelmäßige Reflexion über die ablaufenden Interaktionen, etwa in wöchentlichen Patientenbesprechungen, bei denen jedes Teammitglied gleichberechtigt seine Eindrücke inkl. seiner Schwierigkeiten mit dem einzelnen Patienten äußern kann und soll, sodass im Sinne einer Intervision Klarheit über die Mechanismen geschaffen werden kann und gemeinsame Lösungswege und deren konsequente, einheitliche Umsetzung erarbeitet werden können;
- regelmäßige Teamsupervision idealerweise durch einem Supervisor von außerhalb, der in der Behandlung chronisch Kranker Erfahrung hat
- regelmäßige Fortbildungsveranstaltungen, z.B. um größere Kompetenz im Umgang mit sog. „schwierigen Patienten" zu erwerben; hier ist z.B. auch an Austausch mit anderen Stationen – hausintern oder -extern – zu denken, z.B. um im Umgang mit Patienten mit Doppeldiagnosen, körperlicher Komorbidität und/oder demenzieller Krankheiten o.ä. von den Erfahrungen der Kollegen zu profitieren und sie für die eigene Arbeit zu adaptieren;

6)   Evaluation therapeutischer Fortschritte

Auch bei der Evaluation therapeutischer Fortschritte gelten für chronisch depressive Patienten keine anderen Regeln als für andere, die dafür formulierten Handlungsanweisungen und -vorschläge können also übernommen werden (z.B. Kanfer et al. 1996).

Besonders entscheidend ist dabei folgende Frage:

„ Sind die Kriterien fein genug gerastert, so dass (u.U. subtile) Veränderungen frühzeitig festzustellen sind?" (Kanfer et al. 1996, S. 319).

Wählt man hier Evaluationskriterien oder -methoden, die nur „große", „entscheidende" Verbesserungen abbilden, besteht die Gefahr, sich selbst und den Klienten zu entmutigen, man gewinnt den Eindruck, dass nichts sich bessere – was oft nicht richtig ist: Gerade kleine, subtile Veränderungen können wichtige Fortschritte für den Patienten und eine große Verbesserung seiner Lebensqualität darstellen.

Bsp.: Eine Patientin, die wieder in der Lage ist, die meisten Tätigkeiten ihrer Hausarbeit selbst zu übernehmen, erreicht in der Hamilton-Depressions-Skala (Instrument zur Messung des Schweregrades einer Depression, Hamilton 1960) nur eine Punktverbesserung um einen Wert (so also z.B. von 33 auf 32); für sie selbst bedeutet dies aber einen entscheidenden Schritt in Richtung normale Lebensführung, weniger Angewiesensein auf Hilfe, Autonomie und Steigerung des Selbstwertes.

Der Auflösungsgrad sollte also bei der Beurteilung von Veränderungen eher zu fein als zu grob gewählt werden, da die Veränderungen bei chronisch depressiven Patienten tendenziell kleiner ausfallen werden. Die Methode der zielabhängigen Evaluation des Einzelfalls ist auch hier das Mittel der Wahl (Kanfer et al. 1996).

Ebenso sollte man darauf achten, dass es auch ein Erfolg ist, wenn sich ein bereits erreichter Zustand nicht weiter verschlechtert: Ein Patient, der das Gefühl hat, dass es ihm seit geraumer Zeit immer schlechter und schlechter geht, wird es als Erleichterung erleben, wenn diese Abwärtsentwicklung aufgehalten wird, oder wie eine Patientin es formulierte: „Naja, es könnte mir schon noch besser gehen, aber so ist es jetzt erst einmal aushaltbar."

7)   Endphase: Erfolgsoptimierung und Abschluss der Therapie

Wie oben ausgeführt, ist die Therapie chronisch Depressiver oft kein Prozess, der ein genau definierbares Ende hat – vielmehr ist häufig der Übergang zu einer längerfristigen Begleitung vonnöten, die dann allerdings nicht mehr als „Psychotherapie im engeren Sinne" einzuordnen ist (vgl. oben).

Wann allerdings zu dieser Langzeitbegleitung übergegangen werden soll, und wann auch die Frequenz der Kontakte verringert werden kann, ist hier eine ausgesprochen wichtige Entscheidung. Größtmögliche Transparenz ist vonnöten: Der Patient soll nicht den Eindruck erhalten, dass das Stagnieren seines Befindens oder gar eine Besserung „bestraft" würden und er wieder „kränker" werden muss, um die erwünschte Zuwendung zu erhalten (vgl. oben, 5) Planung, Auswahl und Durchführung spezieller Methoden: Therapiedauer und Paradigmenfrage: ständige Langzeit-Akutbehandlung vs. Langzeitbegleitung?).

Dieser Schritt muss genau besprochen werden und kann nur im Einverständnis mit dem Klienten getan werden – sonst besteht die Gefahr, dass der Klient bewusst oder unbewusst versucht, durch eine Verschlechterung im Befinden oder im Extremfall durch suizidale Krisen sich wieder „mehr Therapie", mehr Zuwendung zu verschaffen. Man sollte gemeinsam mit dem Klienten planen, wie die Kontakte verringert werden können. Zu achten ist dabei darauf, dass der Patient nach wie vor das Gefühl hat, sich an den Therapeuten wenden zu dürfen, eine Anlaufstelle zu haben – und dass er sich andererseits bewusst ist, was er in schwierigen Situationen tun kann, um sich selbst zu helfen (Nützen von in der Therapie erlernten Problemlösekompetenzen und Selbstmanagementkompetenzen). Die Meisterung einer Krise ohne Erhöhung der Kontaktdichte kann dann in den Gesprächen als Erfolg gewertet und verstärkt werden – oder wie ein Patient das formulierte:

„Ich habe mir schon überlegt, ob ich Sie anrufen soll, als ich merkte, dass die Situation mit meiner Frau so schwierig wird. Aber dann dachte ich mir: Probier's erst einmal allein, anrufen kannst Du ja immer noch, wenn Du's nicht hinkriegst. Und ich habe es dann tatsächlich ohne Hilfe geschafft."

Sollten Krisen auftreten, die der Klient nicht ohne Unterstützung meistern kann bzw. tritt eine Verschlechterung auf, die psychotherapeutisch aufzufangen ist, kann die Frequenz der Sitzungen für die dafür nötige Bearbeitung kurzzeitig wieder erhöht werden, was einem Einschub von „Booster-Sitzungen" (Whisman 1990, zit. nach Kanfer et al. 1996) entspräche.

Die Mit- bzw. Weiterbetreuung durch andere Institutionen – z.B. den niedergelassenen Nervenarzt, der die medikamentöse Behandlung durchführt, die Selbsthilfegruppe, ehrenamtliche Helfer, SPDi, etc.) sollte ebenfalls Thema der letzten psychotherapeutisch orientierten Gespräche sein.

Ist der Übergang zu einer Langzeitbegleitung nicht nötig – oder auch vom Klienten nicht gewünscht – sollte ein Follow-up bzw. Katamnesegespräch (zur Unterscheidung siehe Kanfer et al. 1996) nach einer bestimmten Zeitspanne vereinbart werden.

6 Exkurs zur Angehörigenarbeit bei (chronisch) depressiv Kranken

Angehörige chronisch depressiv Kranker stehen selbst unter enormer Belastung. Anders als Therapeuten und professionelle Helfer sind sie tagtäglich mit dem Kranken zusammen, müssen Wege des Umgangs mit seinem oft belastenden Verhalten finden und können sich schwerer distanzieren. Zudem verfügen sie über weniger – z.T. auch gar kein – Wissen über die Erkrankung und können so sein Gebaren oft nicht als krankheitsbedingt einordnen und damit leichter tolerieren, was leicht zu Missverständnissen und gegenseitigem Nichtverstehen führen kann. Durch eine chronische Erkrankung sind nicht nur Lebensentwurf und -pläne des Betroffenen, sondern auch seiner nächsten Angehörigen mitbetroffen; sich damit auseinanderzusetzen und alternative Konzepte zu finden, ist nicht nur für den Kranken selbst eine schwierige Aufgabe (Tab. 41, 42).

Die Interaktion zwischen depressiv Kranken und ihren Angehörigen kann sich bereits in der akuten Phase zu einer Belastung beider Teile entwickeln (vgl. auch Kapitel 4.3 Verhaltenstherapeutisch-lerntheoretische und kognitive Modelle: Lewinsohn (1974)):

Tabelle 41: Interaktion zwischen einem depressiven Patienten und seiner Familie (Nach Anderson et al. 1986, zit. nach Mahnkopf und Rahn 1997)

> **Familie versucht zu helfen (durch Zureden, Aufmuntern)**
> ↓
> **Patient reagiert zu wenig (aus der Sicht der Familie)**
> ↓
> **Familie tendiert zur Eskalation oder zieht sich zurück**
> ↓
> **Patient fühlt sich unverstanden bzw. verlassen**
> ↓
> **Familie reagiert mit Schuldgefühlen und verstärkt Überengagement bzw. überprotektives Verhalten**
> ↓
> **Patient fühlt sich zunehmend wertlos und in eine infantile Rolle gedrängt**
> ↓
> **Familie ist erschöpft („ausgebrannt") und gerät in ein Dilemma von Schuld und Aggression**

Angehörige erleben, dass das Verhalten, das sie gewohnt sind und das im „normalen Leben" zu einer beidseitigen Entlastung führt, hier beim depressiven Patienten nicht bzw. sogar gegenteilig zu wirken scheint: Die Hilfeversuche, das Trösten, Aufmuntern und „gut Zureden" kommt nicht an, der Kranke reagiert nicht – wie erwartet – mit Entlastung und Dankbarkeit, sondern nimmt die angebotene Hilfe aus Sicht der Familie nicht an, entwertet sie oder fordert immer noch mehr Unterstützung ein. Die Familie kann daraufhin mit Vorwürfen, Eskalation und Angriffen reagieren, oder auch mit Rückzug, Einstellen der Hilfsversuche und Beziehungsabbruch. Auf beides wird der Patient mit dem Gefühl des Unverstandenseins und der Verlassenheit antworten, sich ebenfalls zurückziehen oder explizit noch mehr Unterstützung einfordern. Die Familie reagiert daraufhin evtl. mit erneutem großem Engagement, versucht, „Versäumtes" wieder gut zumachen und nimmt dem Kranken immer noch mehr ab. Der wiederum erlebt sich als nicht ernst genommen, infantilisiert, zu nichts mehr nütze und nur noch eine Last für seine Angehörigen, was im schlimmsten Fall in altruistisch motivierte Suizidgedanken oder -absichten münden kann: „Wenn ich weg bin, geht es Euch besser."

Die Familie kann weder das hohe Maß an Engagement lange aufrechterhalten – zumal sie zudem ja nichts zu bewirken scheint –, noch sich von Schuldgefühlen und meist weniger offen ausgedrückten Aggressionen freimachen – sie ist erschöpft, erlebt die Lage als aussichtslos und leidet oft ähnlich schwer wie der Patient selbst unter der Situation.

Der Vorteil in der *akuten* Krankheitsphase liegt darin, dass dieser Zustand ein vorübergehender ist, sich so die Konflikte leichter ertragen lassen und auch der Therapeut die Hoffnung vermitteln kann, dass sich das familiäre Leben nach Abklingen der akuten Krankheitsphase wieder weitgehend „normalisieren" wird: Dem Patienten wird für die „Dauer der Phase" die Krankenrolle (Mahnkopf 2001) zugeteilt, die ihn von bestimmten Verpflichtungen und Verantwortungen freistellt, und ihm stattdessen die Aufgabe zuteilt, an seiner „Genesung" mitzuarbeiten – wozu auch paradox klingende „Arbeitsaufträge" wie „Versuchen Sie, bei der heutigen Belastungserprobung zu Hause einmal gar nichts zu arbeiten." gehören können.

Der Zustand des Kranken wird als etwas vorübergehendes angesehen, das möglichst bald zu beenden ist. Im Lauf der Behandlung verändert sich dann die Rolle hin zu der des Genesenden, dem wieder Aufgaben zugeteilt werden, der wieder in seine früheren Funktionen zurückkehrt und seine vorherigen Rollen weitgehend wieder ausfüllt.

Anders beim chronisch depressiv Kranken: Die oben beschriebenen Belastungen und Einschränkungen bleiben nicht nur für kurze Zeit, sondern für einen längeren Zeitraum – evtl. sogar für immer – bestehen. Nicht nur der Kranke, auch seine Familie muss sich mit dem Gedanken beschäftigen, dass eine neue Rollenverteilung in der Familie gefunden werden muss. Die oben beschriebene Situation – der Patient fühlt sich zunehmend wertlos und in eine infantile Rolle gedrängt, die Familie ist erschöpft („ausgebrannt") und gerät in ein Dilemma von Schuld und Aggression – löst sich nicht nach einiger Zeit durch die Genesung und Wiederherstellung der ursprünglichen Verhältnisse. Stattdessen müssen Lösungsmöglichkeiten gefunden werden, die über längere Zeiträume tragfähig sind.

Einen Beitrag dazu kann und sollten auch die Therapeuten leisten, bei denen der Patient in Behandlung ist. Wichtige Themen sind dabei in Tabelle 42 genannt.

Tabelle 42: Themen für die Arbeit mit Familien bei chronischer Depression (zit. nach Mahnkopf 2001)

- **Austausch über Krankheitskonzepte; Leben mit der Krankheit (Abschied vom Genesungskonzept) und: es kann langfristig Veränderungen geben sowie Linderung der Beschwerden**

- **Auseinandersetzung mit der Krankenrolle:**
  - Was bedeutet Freisetzung von den üblichen sozialen Verpflichtungen, welche Freisetzungen werden von welchen Familienmitgliedern akzeptiert, welche nicht?
  - Freistellung von welchen Verantwortlichkeiten, für wie lange?
  - Wenn man davon ausgeht, dass der Zustand so anhält:
  - wer kann wie lange in der Familie die Rollen des Kranken mit übernehmen?
  - Wie sieht die Mithilfe des Patienten im Umgang mit seiner Erkrankung aus?

- **Aktivierung (behutsam und beständig, mit „langem Atem")**

- **Abschied von der Suche nach dem idealen Therapeuten, der idealen Therapie**

- **Angebot von konstanter Begleitung**

Diese Themen können einerseits in informationszentrierten Angehörigengruppen, andererseits in möglichst kontinuierlich stattfindenden Gesprächen zwischen Patient, Angehörigem/n und Therapeuten bearbeitet werden.

Grundsätzlich sollte jeder Kontakt zwischen Betroffenem und Angehörigem mit dem Patienten abgesprochen sein – z.B. sollten Patienten, deren Angehörige zu einer Gruppe eingeladen werden sollen, ihre Zustimmung zu dieser Einladung geben.

Gespräche mit Angehörigen über Patienten – ob in deren Beisein oder nicht – unterliegen selbstverständlich der Schweigepflicht – der Therapeut muss sich also vor dem Gespräch vom Patienten davon entbinden lassen, was möglichst schriftlich fixiert werden sollte.

Gruppen eignen sich gut, den Angehörigen verlässliche Informationen über das Krankheitsbild Depression zu vermitteln und den oben angesprochenen Austausch über Krankheitskonzepte zu fördern. Allein schon das Wissen um die Symptome kann helfen, gegenseitiges Missverstehen z.B. wie das oben beschriebene zu verringern: Wissen Angehörige, dass es dem Patienten nicht möglich ist, mehr auf ihre Hilfsangebote, ihre Fürsorge und Unterstützung einzugehen, kann so ein Teil der Frustrationen vermieden werden: Der Patient „will" nicht „zu wenig reagieren", sondern er kann es nicht. Ebenso erfahren die Angehörigen, warum es für den Patienten nicht immer hilfreich ist, wenn sie ihn komplett von allen Verpflichtungen entbinden, ihm buchstäblich „alles abnehmen". Hier kann zusammen mit der Familie erarbeitet werden, wo dies wirklich nötig ist und was der Patient andererseits noch gut allein erledigen kann und soll. Auch der Umgang mit eigenen Gefühlen, v.a. auch mit wenig sozial erwünschten wie Wut auf den Patienten und Aggressionen ihm gegenüber, kann besonders wirksam in einer Gruppe angesprochen werden: Wird das Thema von Seiten der Gruppenleitung angeschnitten, finden sich meist mehrere Angehörige, die „zugeben", dass ihnen solche Gefühle nicht fremd sind, dass sie „leider auch schon einmal ziemlich aggressiv" gegenüber dem kranken Partner, Kind, Elternteil, etc. geworden seien. Die Erfahrung „anderen geht es auch so, ich bin nicht der einzige" kann eine große Entlastung gerade für diejenigen Angehörigen sein, die in dem Teufelskreis Aggression und Schuldgefühle gefangen sind – gerade das Beispiel anderer Betroffener ist hier überzeugender als noch so viele Versicherungen von therapeutischer Seite.

Analog zu den psychoedukativen Gruppen und Informationsgesprächen mit den Patienten selbst sollten auch in den Angehörigengruppen Informationen zu folgenden Themenbereichen gegeben werden (nach Mahnkopf und Rahn 1997, Tablle 43):

Tabelle 43: Themenbereiche für psychoedukative Angehörigengruppen (kursiv: Schwerpunkte bei Angehörigen chronisch depressiver Patienten, nach Mahnkopf und Rahn 1997; Kursives von den Autoren ergänzt)

- **Symptomatik der Depression**

- **Multifaktorielles Krankheitsmodell**

- **Behandlungsformen der Depression,** v.a. *Phasenprophylaxe, Verschlechterungsprophylaxe, Symptommanagement*
  - medikamentös
  - psychotherapeutisch
  - soziotherapeutisch

- **Behandlungsphasen während *und nach* der stationären Behandlung**

- **Verlauf der Depression,** v.a. *Chronifizierung, Therapieresistenz, rezidivierende Verläufe*

- **Gefahr der Suizidalität**

- **Umgang mit einem depressiven Angehörigen**

Besonders der letzte Punkt bietet viele Anknüpfungspunkte auch für die Familien-Einzelgespräche.

Hier sollten v.a. zu Beginn der Behandlung die Angehörigen das Gefühl haben, ebenso ernstgenommen zu werden wie der Patient – eine Forderung, die selbstverständlich klingen mag, es aber doch nicht ist: Durch die therapeutische Situation ist es automatisch so, dass der Therapeut seine Informationen über das familiäre und soziale Leben des Patienten in erster Linie aus der Sicht des Betroffenen erhält. Dabei einigermaßen objektiv zu bleiben, ist oft nicht ganz einfach. Den Angehörigen sollte deshalb gerade in den ersten Gesprächen der Eindruck vermittelt werden, dass ihre Sichtweise ebenso gewürdigt wird wie die des Patienten. Auch der Angst, die „Schuld" an der Erkrankung des Patienten „zugeschoben" zu bekommen, muss entgegengetreten werden, zumal manche Angehörige evtl. schon negative Erfahrungen in dieser Richtung gemacht haben – z.B. durch missverstandene Äußerungen von Fachkollegen über die soziale Mitbedingtheit von Depressionen, falschen Informationen aus Zeitungen oder unsachlichen „Ratgeber" - Büchern, Fernsehberichten oder Erzählungen von Bekannten etc..

Auch sollte dem/n Angehörigen genügend Zeit und Raum gegeben werden, ihre Sicht und Anliegen vorzubringen, die Gespräche sollten weder Monologe des Therapeuten noch des Kranken selbst werden.

So kann in den ersten Gesprächen geklärt werden, wo die Familie des Patienten bezüglich seiner Erkrankung steht, welche Informationen sie evtl. noch über die Erkrankung allgemein und über die Situation des Patienten selbst braucht.

Darauf aufbauend können dann die Themen, die in der Familie von Wichtigkeit sind, bearbeitet werden.

Besonders das gemeinsame Finden von Lösungen für unmittelbar anstehende Probleme ist für Angehörige, die sich mit den Widrigkeiten des Alltags im Zusammenleben mit dem chronisch Kranken oft überfordert und alleingelassen fühlen, von großer Wichtigkeit – auf diesem Weg kann Vertrauen aufgebaut werden, dass „hier nicht nur geredet, sondern uns auch wirklich geholfen wird". Dazu gehören u.a. Fragen wie: Welchen Part kann, welchen muss die Familie in der Sorge für den Kranken übernehmen, Fragen zur finanziellen und materiellen Versorgung – hier kann und sollte auf die fachliche Kompetenz von Sozialpädagogen im stationären Behandlungsteam bzw. auf deren Kollegen im gemeindepsychiatrischen Bereich zurückgegriffen werden – und auch Fragen, welche Rollen der Kranke in der Familie wieder einnehmen kann und wo dies nicht mehr möglich ist. Dass hier die Meinungen von Patient, Angehörigen und auch Therapeuten auseinandergehen können und Kompromisse nötig sind, versteht sich von selbst. Hier kann es z.B. nötig werden, als Therapeut von den Angehörigen Hilfe einzufordern, die sie vorerst nicht bereit sind zu geben oder um die sich der depressive Patient nicht zu bitten traut, andererseits aber auch, überprotektive Haltungen der Angehörigen zu verhindern oder auch die Angehörigen vor den überzogenen Hilfsansprüchen („Es sollte immer jemand für mich da sein.") des Patienten zu schützen. Der Therapeut hat hier die nicht leichte Aufgabe, im Sinne seines Patienten den Kompromiss zu fördern, der für alle Beteiligten tragbar erscheint und keine der beiden Seiten über-, aber auch nicht auf Kosten des anderen unterfordert.

Das Angebot konstanter Begleitung auch der Familie durch den Therapeuten, die Möglichkeit, in schwierigen Situationen auf einen kompetenten Ansprechpartner zurückzugreifen, kann eine große Entlastung für die ganze Familie bedeuten.

Wird deutlich, dass einer oder mehrere der Angehörigen selbst therapeutischer Unterstützung bedarf, kann der Therapeut Adressen und Anlaufstellen nennen, an die sich die Familienmitglieder wenden können – es ist davon abzuraten, die Therapie eines Angehörigen des eigenen Patienten zusätzlich zu übernehmen.

Um die Informationsvermittlung über Depressionen in den Einzelgesprächen und den psychoedukativen Angehörigengruppen zu intensivieren und das Besprochene zu vertiefen, können Informationsbroschüren ausgeteilt und/oder Literatur empfohlen werden.

Literaturempfehlung

„Depression – verstehen, bewältigen und vorbeugen: Informationen und Ratschläge für Patienten und Angehörige aus:
Schramm, E. (Hrsg.) (1998). Interpersonelle Psychotherapie bei Depressionen und anderen psychischen Störungen. Stuttgart, Schattauer, S. 311-316

Wolfersdorf, M. (2000). Krankheit Depression erkennen, verstehen, behandeln. Bonn, Psychiatrie-Verlag.

7 Arbeits- und Erwerbsunfähigkeit, vorzeitige Berentung

Verbindliche Kriterien für die Beurteilung von Leistungsfähigkeit bzw. Leistungsunfähigkeit bei depressiven Erkrankungen bzw. nach einer depressiven Erkrankung gibt es letztlich nicht.

Die Arbeitsunfähigkeit bzw. die Bedürftigkeit eines Patienten, krank geschrieben zu werden, ergibt sich aus der Akuität der Erkrankung: Akute Suizidalität, wahnhafte Symptomatik, schwer ausgeprägte depressive Erkrankung, Arbeitsunfähigkeit trotz Arbeitsversuch, dabei Scheitern am Arbeitsplatz usw..

Aus der Einteilung depressiver Störungen nach dem Schweregrad wird deutlich, dass ab mittelgradiger depressiver Erkrankung die Krankschreibung eines Patienten und die Arbeitsunfähigkeit eines Patienten sich zwanglos aus der vorgegebenen Symptomatik ergibt. Dabei ist immer zu bedenken, dass eine mittelgradige und schwer ausgeprägte depressive Erkrankung der stationären Behandlung bedarf, dass also mit einem Arbeitsausfall von 8 – 12 Wochen zu rechnen ist, danach eine gestufte Wiedereingliederung ansteht, während bei einer leichtgradig ausgeprägten depressiven Symptomatik möglicherweise die Krankschreibung für 2 – 4 Wochen (2 Wochen bis zum Ansprechen auf antidepressive Medikation, 2 weitere Wochen bis zu einer gewissen Symptombesserung) genügen mögen. Es hängt jedoch auch von der Symptomatik des Patienten und von der Berufstätigkeit ab. So wird man bei einem Patienten mit einer Berufstätigkeit, die einen hohen Anspruch an affektive Belastbarkeit, kognitive Präsenz, Merk- und Konzentrationsfähigkeit, körperliche Belastbarkeit usw. stellt, eher länger eine Entlastung durch Krankschreibung anstreben, als bei einem Menschen, der sich den Tag selbst einteilen kann, der die Möglichkeit hat, Aufgaben und Belastungen auch unter Berücksichtigung eines Morgentiefs mit herabgesetzter Stimmungslage und reduziertem Antrieb im Rahmen einer therapeutisch-pflegerisch besprochenen Tagesstrukturierung zu planen.

Geht man davon aus, dass für die Behandlung einer schweren depressiven Erkrankung heute zwischen 8 – 12 Wochen zur Symptombesserung, zur Bearbeitung auslösender und belastender Lebensereignisse benötigt werden, dann bedeutet dies letztendlich eine Krankschreibung bzw. Herausnahme aus Belastung von 2 – 3 Monaten. Danach schließt sich eine gestufte Wiedereingliederung an, bei der die Belastbarkeit, d. h. das Nicht-Wiederauftreten von Symptomatik unter üblicher Belastung, erprobt werden soll. Solche Belastungen werden z. B. bereits während einer stationären Behandlung durch Beurlaubungen nach Hause unter der Woche oder am Wochenende erprobt, wobei es sich nicht um „Urlaub" von Krankenhausbehandlung handelt, sondern um die Erprobung, ob ein Patient unter den üblichen Lebensbedingungen zuhause wieder oder, wie erwünscht, nicht Symptomatik entwickelt. Denn Ziel ist ja nach der Symptombesserung vor allem die Wiederherstellung der Belastbarkeit des Patienten unter normalen Lebensbedingungen.

Die Frage der „Erwerbsunfähigkeit" bzw. der Berentung eines Patienten wegen Erwerbsunfähigkeit sollte unabhängig von Therapie sehr nüchtern unter Erwägung der üblichen und zu erwartenden Belastungen des Patienten gestellt werden. Dabei bedeutet „Symptomfreiheit" nicht automatisch auch „Erwerbs- bzw. Arbeitsfähigkeit", denn es geht letztlich um Belastbarkeit unter den üblichen Bedingungen, denen der Patient auch vor der depressiven Episode ausgesetzt war.

Dazu eine kurze Fallvignette: Ein 56-jähriger Lehrer erträgt die Unruhe in seiner Klasse nicht mehr und merkt zunehmend, nachdem sich auch Eltern von Schülern beklagt haben, dass er Merk- und Konzentrationsstörungen aufweist. So fallen ihm plötzlich nicht mehr die Namen von seit langem anvertrauten Schülern ein, er bleibt mitten in einer Rechnung an der Tafel stecken, erntet dafür den Spott seiner Schüler, wird dadurch erregt, missgestimmt und reagiert über. Er ist nicht mehr in der Lage, sich zu konzentrieren, sieht sich auch nicht mehr in der Lage, Zeugnisse zu schreiben und entwickelt nach einer handgreiflichen Auseinandersetzung mit einem Schüler, in der er diesem eine Ohrfeige verpasst, ein akutes depressives Zustandsbild. Die akute depressive Symptomatik klingt nach Psychopharmakotherapie und unter therapeutischer Bearbeitung der Belastungssituation ab. Thema ist dann die längerfristige weitere Planung. Der Patient selbst gilt als in früheren Jahren „leidenschaftlicher Lehrer" und möchte von sich aus eigentlich nicht aus dem Schulunterricht ausscheiden. Andererseits ist die Perspektive, ihm Entlastung anzubieten, nicht gegeben. Des weiteren finden sich bei den psychopathometrischen Tests, denen er sich unterzieht, deutliche Hinweise auf eine eingeschränkte kognitive Belastbarkeit, d. h. auf Aufmerksamkeits-, Merk- und Konzentrationsstörungen. Nachdem trotz anfänglich ambulanter, später stationärer Behandlung zum Zeitpunkt der Entlassung in haus- und nervenärztliche Therapie unter ambulanten Bedingungen eine Restsymptomatik verbleibt, vor allem eingeschränkte Vitalität,

Schlafstörungen sowie die bereits genannten kognitiven Störungen, wird von Klinikseite her die vorzeitige Ruhestandsversetzung angeregt. Kriterien dafür sind 1) Verbleib von Restsymptomatik, dabei ungenügend abgeklungene akute depressive Episode, 2) Antriebs- und Vitalitätsverlust, damit rasche Erschöpfbarkeit, Müdigkeit, fehlende somatische Belastbarkeit durch den Schulunterricht und 3) psychopathometrisch belegte kognitive Einschränkungen. Die vorzeitige Ruhestandsversetzung des Lehrers wird vollzogen, auch danach verbleibt die ambulante Behandlungsbedürftigkeit über eine lange Zeitstrecke.

Als Therapeut sollte man die Frage der Herausnahme eines Patienten aus dem Arbeitsprozess sachlich und ohne Rückgriff auf Übertragungs- bzw. Gegenübertragungsprozesse betrachten. Sobald die Überlegung „Rentenneurose" in die Diskussion kommt, sind Therapeuten meist nicht mehr in der Lage, sachlich die aktuelle Situation zu beurteilen und sollten dann die Frage einer Ruhestandsversetzung, einer vorzeitigen Erwerbsunfähigkeit an das jeweilige Gesundheitsamt und die dortigen Ärzte abgeben. Allerdings, auch dies muss leider festgehalten werden, verfügen die wenigsten Amtsärzte über Erfahrungen in der Beurteilung von Erwerbsunfähigkeit bei depressiver Erkrankung und unterliegen dabei häufig der Täuschung, ein relativ „gesund aussehender" Depressiver sei doch eigentlich erwerbsfähig und belastbar. Wichtigstes Kriterium ist dabei, dies sei noch einmal unterstrichen, die unzureichende oder fehlende Belastbarkeit eines Patienten unter normalen Arbeitsbedingungen, nicht die Symptomfreiheit. Denn Symptomfreiheit ist ein Ziel von Behandlung einer akuten Erkrankung, die Frage der Arbeitsfähigkeit schließt sich erst danach an. Denn man würde ja auch bei einem somatisch erkrankten Patienten, z. B. bei jemand mit einer Lungenentzündung, die Beurteilung der Arbeitsfähigkeit nicht vom Rückgang der Symptomatik einer Lungenentzündung abhängig machen oder ihn während der akuten Lungenentzündung beurteilen, sondern die Beurteilung der Belastbarkeit erst nach Abklingen der Symptomatik vornehmen. Und dazu benötigt es gerade bei depressiv Kranken mit phasenüberdauernder Symptomatik, mit Restsymptomatik, mit lang anhaltenden depressiven Episoden, mit einer Dysthymia Erfahrungen, so dass eigentlich bezüglich der Beurteilung einer Erwerbsunfähigkeit die Abgabe dieser Beurteilung an darin erfahrene Ärzte, z. B. einer Depressionsstation, mit langjähriger Erfahrung in der Depressionsbehandlung empfohlen wird.

Die Erwerbsunfähigkeit hängt ab von einer überdauernden Restsymptomatik, von einem durchgängigen Vitalitätsverlust, wobei die mittel- und langfristige Prognose ungünstig sein muss, und von vorhandenen kognitiven Einschränkungen. Bei chronischer Depression kommt häufig der negativen Sichtweise eine besondere Bedeutung zu, wobei aus der klinischen Erfahrung deutlich wird, dass das Vorliegen von Hilf- und Hoffnungslosigkeit, auch wenn dies die einzige kognitive Symptomatik der Depression noch ist, häufig auch das Scheitern von Wiedereingliederung bedeutet. Von daher ist eine langfristige Therapieplanung nicht nur in der akuten Depression, sondern über die akute Depression hinaus dringend erforderlich. Ziel darf nicht nur sein die Symptomfreiheit eines depressiven Patienten, sondern muss auch sein die Belastbarkeit und die Wiedereingliederung in seine normalen Lebensumstände, im Einzelfall auch die Herausnahme aus der Arbeitssituation. Differenzierte Patienten geben häufig an, dass sie über 1 Jahr gebraucht hätten, um wieder die „Alten" bzw. „Neuen" zu werden, d. h. nach Abklingen ihrer Symptomatik auch ihre Belastbarkeit und eine gewisse „Naivität" bezüglich ihres Funktionierens im Alltag wiedererlangt zu haben.

Von daher sei noch einmal davor gewarnt, im Zusammenhang mit chronischer Depression den abwertenden und negativ besetzten Begriff der „Rentenneurose" zu gebrauchen und die Empfehlung angeschlossen, wenn solche „Fantasien" auf therapeutischer Seite auftauchen, eine Zweitmeinung zur Beurteilung einzuholen. Die Frage der Arbeits- bzw. Erwerbsunfähigkeit und auch die Frage der vorzeitigen Berentung sollte jedoch immer vom zuständigen Therapeuten dann auch sachlich und unter Würdigung der vorhandenen Symptomatik und der eingeschätzten Belastbarkeit diskutiert werden.

8 Exkurs: Selbsthilfegruppen

Selbsthilfegruppen für depressiv Kranke sind gerade auch für chronisch Kranke hilfreich: sie bieten die Möglichkeit, wieder mit anderen Menschen in Kontakt zu kommen als mit professionellen Helfern oder der eigenen Familie bzw. dem oft „geschrumpften" Freundes- und Bekanntenkreis. Das soziale Netz kann so langsam wieder aufgebaut bzw. das bestehende erweitert werden. Die Patienten treffen dort andere Patienten, die unmittelbar aus dem eigenen Erleben heraus ihre Beschwerden und viele der eigenen Probleme kennen und so leichter Verständnis aufbringen – besonders auch der Austausch über Schwierigkeiten in der Familie, mit dem Partner, den nächsten Verwandten und Angehörigen ist für viele eine wichtige Hilfe, da die Angehörigen selbst durch ihre Rolle als Konfliktpartei hier als Ansprechpartner ausfallen. Das Wir-Gefühl zu erleben, das sich durch die regelmäßigen Treffen ergibt, ist eine Erfahrung, die viele Patienten entweder nur bei einer stationären Behandlung gemacht haben und die viele in der Rückschau oft vermissen – oder eine solche, die sie schon länger – etwa seit Beginn der Erkrankung – nicht mehr machen konnten: Das Gefühl, nicht mehr mithalten zu können, Angst vor sozialer Interaktion, Insuffizienzerleben und ähnliche depressive Symptome mehr führen oft zu einem Rückzug aus Gruppen wie Vereinen, Freundeskreisen oder auch aus dem kirchlichen Gemeindeleben.

Wenn Selbsthilfegruppen über längere Zeit bestehen bleiben, können sie so ein wichtiger Baustein für die soziale Einbindung und die kontinuierliche Unterstützung sein, der bei chronisch Kranken eine eminente Bedeutung zukommt. Sie bilden zusätzlich eine Art Schnittstelle zwischen professioneller Begleitung und dem nicht-professionellen sozialen Netz des Patienten – und können so auch als einer der ersten Schritte „nach draußen" angesehen werden: Da die Gruppen nicht therapeutisch geleitet werden, sondern jede(r) Teilnehmer(in) für sich selbst verantwortlich ist, kann der Betroffene so lernen, sein Leben wieder mehr in die eigene Hand zu nehmen, Entscheidungen wieder selbständig zu treffen und zu erleben, dass auch andere ihn trotz seiner evtl. noch bestehenden Einschränkungen als vollwertiges Mitglied einer Gemeinschaft akzeptieren.

Schwierigkeiten können sich allerdings dadurch ergeben, dass chronisch depressiv Kranke auch in dieser Gemeinschaft eine Sonderrolle einnehmen: Wie für die stationäre Behandlung beschrieben, besteht auch hier die Gefahr, dass der chronisch Kranke sich kraft des längeren Verlaufs, der längeren bisherigen Krankheitsgeschichte und/oder seiner größeren Anfälligkeit für Resignation und Unzufriedenheit mit seiner Lebenssituation selbst hier in der Gruppe in ein soziales Abseits manövriert, indem er die anderen über Gebühr strapaziert, zu viel von ihnen fordert, gemeinsame Aktivitäten entwertet oder durch permanentes Klagen die Gruppenatmosphäre negativ beeinflusst. Die Gruppenteilnehmer sollten selbst darauf achten lernen, wie sie die Gruppe so gestalten können, dass derartige Probleme wahrgenommen und wenn möglich ausgeräumt werden. Im folgenden sind einige Hinweise und Regeln für Selbsthilfegruppen dargestellt, die dies erleichtern können (entnommen aus dem Faltblatt „Tipps für die Arbeit von Selbsthilfegruppen – Aus Erfahrungen lernen, Nationale Kontakt und Informationsstelle zur Anregung und Unterstützung von Selbsthilfegruppen, NAKOS, Stand 2000, Deutsche Arbeitsgemeinschaft Selbsthilfegruppen e.V., *gekürzt und ergänzt von den Autoren; Tabelle 44*):

Tabelle 44: Vorschläge und Tipps für die Arbeit von Selbsthilfegruppen (entnommen aus dem Faltblatt „Tipps für die Arbeit von Selbsthilfegruppen – Aus Erfahrungen lernen, Nationale Kontakt und Informationsstelle zur Anregung und Unterstützung von Selbsthilfegruppen, NAKOS, Stand 2000, Deutsche Arbeitsgemeinschaft Selbsthilfegruppen e.V., *gekürzt und ergänzt von den Autoren*):

Rahmenbedingungen:
- Gruppengröße: ca. 6-12 Teilnehmer;

- Neutrale Umgebung (nicht: Privatwohnung eines Teilnehmers, der sonst „Gastgeber" sein müsste, außerdem wären dort mehr Störungen zu erwarten (Telefon, Kinder, etc.);

- Häufigkeit und Dauer der Treffen verbindlich festlegen (z.B. wöchentlich je eineinhalb Stunden);

- Verbindlichkeit ist v.a. in der Anfangsphase wichtig, damit sich die Vertraulichkeit einstellen kann, die für eine effektive Arbeit der SHG nötig ist. Bewährt hat sich, zu Beginn die Teilnahme für einen bestimmten Zeitraum (z.B. 10 Treffen) verbindlich zu verabreden und danach über ein Weiterbestehen der Gruppe zu beschließen;

- Regelmäßigkeit der Teilnahme: Wenn ein Teilnehmer nicht kommen kann, soll er dies vor der Gruppe mitteilen bzw. sich von einem Mitglied entschuldigen lassen;

- Pünktlichkeit (sowohl Beginn als auch Ende der Gruppe);

- Sitzordnung: geschlossener Kreis;

- Kein Essen, Trinken oder Rauchen während der Treffen → konzentrierte Atmosphäre schaffen (besser: sich zusätzlich zu anderer Zeit zu einen „gemütlichen Abend" verabreden);

- Ausscheiden aus der Gruppe: Nicht einfach „wegbleiben", sondern der Gruppe mitteilen, dass und warum man ausscheiden möchte. So können evtl. Konflikte bereinigt werden, was u.U. evtl. ein Verbleiben in der Gruppe ermöglicht, bzw. wird ein klarerer Abschluss für den ausscheidenden und die bleibenden Teilnehmer geschaffen;

Zur Arbeit in der Gruppe:

- Keine „stets harmonische Atmosphäre" erwarten – Konflikte und Probleme treten in jeder Gruppe auf. Gerade die SHG kann ein gutes Übungsfeld dafür bieten, besser mit Konflikten umgehen zu lernen → wichtig gerade bei Menschen, die unter Depressionen leiden, da diese erfahrungsgemäß oft Probleme haben, Konflikte auszuhalten und auszutragen;

- Blitzlicht-Runde zu Beginn und Ende jeder Sitzung: Jeder berichtet kurz über seine derzeitigen Gefühle und Erwartungen; solche Runden können auch eingesetzt werden, wenn das Gespräch ins Stocken gerät oder wenn Schwierigkeiten auftauchen;

- Gesprächsverlauf ist offen. Die Gruppe kann sich ein Thema wählen, über das sie in der jeweiligen Sitzung sprechen möchte;

- Jede(r) ist für sich selbst verantwortlich. Es gibt keine feste Leitung. Die Aufgaben innerhalb der Gruppe (z.B. Kontakt nach außen, Werben neuer Gruppenmitglieder, Absprachen mit der Institution, die die Räumlichkeiten zur Verfügung stellt, etc.) sollen von allen wahrgenommen werden. Es kann zu Beginn der Sitzung ein Gruppenleiter bestimmt werden, der die Runde eröffnet, beschließt und währenddessen darauf achtet, dass die Gesprächs-regeln eingehalten werden. Diese Aufgabe sollte aber reihum und jedes Mal von einem anderen Teilnehmer wahrgenommen werden;

- Es kann immer nur einer sprechen. Möglichst die „Ich-Form" (nicht: „man", nicht: „wir") verwenden. Sich direkt an die anderen Teilnehmer wenden, mit ihnen sprechen, nicht über sie;

- Sprechen über eigene Gefühle, Gedanken, Verhaltensweisen, nicht über Außenstehende („mein Mann/meine Frau/Kind/Mutter/Freundin...");

- Möglichst offen über Gefühle sprechen;

- Störungen haben Vorrang: Wer nicht mehr zuhören kann, sollte das möglichst bald ansprechen, die Gruppe sollte dann den Verlauf unterbrechen und sich dem Problem zuwenden;

- Eigenständigkeit respektieren: Kein „Richtig" oder „Falsch", nicht bewerten oder kritisieren, sondern die Meinung des anderen so stehen lassen lernen. Keine Ratschläge, keine Versuche, den anderen zu „therapieren"!

- Probleme dürfen offengelassen werden. Keinen zeitlichen Druck aufbauen. Geduld mit sich und den anderen haben, wenn häufig dieselben Probleme geäußert werden. Keine „Warum-Fragen", die von den Erfahrungen und Gefühlen wegleiten;

- Schweigepflicht nach außen: Was in der Gruppe besprochen wird, bleibt in der Gruppe – das gilt auch für Partner und Angehörige!

9 Zur Suizidalität: Diagnostik und Prävention

Anmerkung zur SUIZIDPRÄVENTION

Es kann hier nicht ausführlich auf das Thema Suizidalität und Suizidprävention eingegangen werden; dazu sei auf die neuere Literatur z. B. bei Wedler et al. (1992), Wolfersdorf (2000), Bronisch (2000, Bronisch et al. (2002) sowie Giernalczyk (1997 bzw. 2002) verwiesen. Dabei ist die Depression bzw. sind depressiv kranke Menschen auch heute noch – trotz Antidepressiva und spezifischer Psychotherapie seit nun mehreren Jahrzehnten – die wichtigste Hochrisikogruppe, vor suchtkranken und schizophren kranken Menschen sowie solchen mit Persönlichkeitsstörungen; allerdings gibt es kaum Daten zur Suizidalität bei chronischen Depressionen und im Verlauf. Für schwere Depressionen errechnet sich eine Lebenszeitsuizidrate von bis zu 15%; gerechnet über alle Schweregrade – leicht, mittel, schwer – wird eine Lebenszeitsuizidmortalität von ca. 4% angegeben.

Bei der Depression steht die Suizidgefahr immer im Zusammenhang mit der akuten Psychopathologie; Depressive mit Hoffnungslosigkeit, Unruhe und Schlafstörungen sowie Wahn sind besonders gefährdet und bedürfen eines beschützenden Behandlungsrahmens (meist stationär); aktuelle Suizidankündigungen, Suizidversuche in der Vorgeschichte sind Risikozeichen. Erneute schwerer ausgeprägte Depressivität im Verlaufe einer Erkrankung birgt also immer erhöhtes Risiko und bedarf jeweils erneuter Abklärung und Handlung.

Suizidalität meint die Summe aller Denk- und Verhaltensweisen von Menschen, die in Gedanken, durch aktives Handeln oder passives Unterlassen oder durch Handelnlassen den eigenen Tod anstreben bzw. als mögliches Ergebnis einer Handlung in Kauf nehmen (Wolfersdorf 2000).

Grundsätzlich wird bei Suizidalität zwischen Wünschen nach Ruhe, Pause, Unterbrechung im Leben, dann Suizidideen (konkrete Ideen, fluktuierend auftretende Ideen, zwanghaft sich aufdrängende Ideen, impulshaft einschießende Suizidideen, Suizidideen im Sinne akustischer Halluzinationen), Suizidabsichten (mit und ohne Plan als erklärte geäußerte oder nicht geäußerte Absicht) im Sinne des suizidalen Denkens oder passiver Suizidalität sowie suizidalen Handlungen – Suizidversuch (durchgeführt, abgebrochen) und Suizid (tödlich ausgegangene suizidale Handlung – unterschieden.

Suizidalität ist grundsätzlich allen Menschen möglich, tritt jedoch häufig in psychosozialen Krisen und bei psychischen Erkrankungen auf. Hier sind es vor allem primär depressiv kranke Patienten, die die höchste suizidale Gefährdung aufweisen, wobei Depressivität bei allen psychischen und auch bei körperlichen Krankheiten das Suizidrisiko einführen und erhöhen kann.

Grundzüge der Suizidprävention / Notfallintervention bei Suizidalität

Suizidprävention bei depressiv Kranken (aber auch bei anderen psychisch kranken Menschen oder Menschen in suizidalen Krisen) umfassen immer 4 Hauptaspekte:

1) Ein Gesprächs- und Beziehungsangebot,
2) die Diagnostik von Suizidalität und psychischer Störung,
3) das fürsorgliche Management der aktuellen Situation und
4) die konkrete Therapieplanung auf der Basis der vorliegenden psychischen Störung unter Berücksichtigung von Suizidgefahr.

Zum Gesprächs- und Beziehungsangebot gehören:
Raum und Zeit zur Verfügung stellen (Zuwendungsangebot); beruhigende Versicherung, dass Hilfe möglich ist (Entspannung, stellvertretende Hoffnung); offenes, direktes, ernstnehmendes Ansprechen von Suizidalität (Entdramatisierung sowie Diagnostik), ausführliches Besprechen unter Vermeidung von Bagatellisierung oder Dramatisierung (Klärung und Distanzierung); Fragen nach bindenden äußeren (z. B. Familie, Kinder, Religion usw.) und inneren Faktoren (z. B. Hoffnung auf Hilfe, frühere Erfahrungen, Vertrauen, Religion, usw.) (Stabilisierung); Vermittlung von Hoffnung, Hilfe und Veränderungschance (Zukunftsorientierung, sog. stellvertretende Hoffnung, dass Hilfe möglich) sowie weitere Therapie (selbst oder Vermittlung) und Planung.

Der diagnostische Teil umfasst:
Diagnostik von Suizidalität: Vorhanden / nicht vorhanden; Form von Suizidalität (Todes-, Ruhewünsche, Suizidideen, spielen mit Suizidideen, sich aufdrängende Suizidideen, konkrete Suizidabsicht, Zustand nach Suizidversuch, frühere SV, frühere Bewältigung von suizidalen Krisen); Abschätzung

von aktuellem Handlungsdruck (d. h. Druck zur Umsetzung der Suizididee in Handlung jetzt! Gefahr trotz Therapie hoch? oder jetzt Entspannung? Patient verneint glaubhaft weitere Suizidabsicht? Impulshafte Suizidalität? Suizidalität im Kontext von Psychopathologie, z. B. Wahn, Hoffnungslosigkeit, drohenden Kontrollverlust, Panikstörung?); Diagnostik von psychischer Störung (psychische Erkrankung, „psychosoziale Krise" im Sinne von Belastungs- oder Anpassungsstörung, hier Depression).

Zum Krisenmanagement gehören:
Herstellung der Beziehung, Klärung des aktuellen Anlasses; akute psychopharmakotherapeutische Maßnahmen; Klärung der „sichernden Fürsorge": Vermeiden von Alleinsein, positiv erlebte Bezugspersonen, Beziehungspflege als konstante Begleiter durch die aktuelle Krise im Sinne von „Kommunikationen und Kontrolle; Klärung ambulante oder stationäre Behandlung; weitere Hilfsmöglichkeiten planen und aktiv klären; bei Bedarf Einweisung in stationäre psychiatrisch-psychotherapeutische Behandlung bzw. sofern notwendig medizinisch-chirurgische Versorgung, danach Verlegung in klinische Psychiatrie und Psychotherapie.

Sodann psychotherapeutisch orientierte Krisenintervention:
Beginn sofort (Gespräch / Beziehung), Erkennen des kränkenden Anlasses / Auslösers; Trauer, Verzweiflung, Wut, Angst zulassen; Erkennen von Suizidalität in einem aktuell psychodynamischen nachvollziehbaren Konflikt (z. B. Partnerproblematik) bzw. in psychopathologischem Kontext (tiefe depressive Herabgestimmtheit, Wahnsymptomatik, schwere Hoffnungslosigkeit); Verbündung mit dem Patienten gegen Existenzangst, Basis-Verlust-Angst, Hilflosigkeitsgefühle, usw.

Zur weiteren Therapieplanung nach der Akutsituation gehören dann Klärung und Besprechung der weiteren Therapie (freiwillig / Unterbringung, ambulant / stationär), Behandlung der Grundstörung (psychische Krankheit/Krise; hier depressive Störung) nach den entsprechenden Regeln von Psychopharmakotherapie, Psychotherapie, Soziotherapie; Planung und Beginn von Psychopharmakotherapie (antidepressive Medikation, Anxiolyse, Entspannung und Schlaf), unter Berücksichtigung von Suizidalität; Planung und Beginn von Psychotherapie.

Bei depressiven Störungen gilt als sogenannte „Risikopsychopathologie", d. h. als Psychopathologie, die für sich mit einer erhöhten Suizidalität einhergeht: depressiver Wahn, tiefe Hoffnungslosigkeit, altruistische (pseudoaltruistische) Suizid- und Opferideen, Ideen erweiterter Suizidalität (Einbeziehung z. B. der Kinder), Schuld-, Wertlosigkeits-, Hoffnungs- und Hilflosigkeitsideen, insbesondere bei Kombination mit innerer und äußerer Unruhe (Agitiertheit), ausgeprägten Schlafstörungen, quälenden Grübelzuständen.

Die psychotherapeutische Intervention hat in der Akutsituation fürsorglich-hilfreich, unabhängig von der Psychotherapie-Methodik, und auf Vermeidung einer Umsetzung einer Suizididee in eine suizidale Handlung ausgerichtet zu sein. Anti-Suizidabsprachen im Sinne von Besprechung, bei Verschlechterung Hilfe zu holen, sind bzw. können hilfreich sein, gewährleisten jedoch keine absolute Sicherheit. Bei der Psychopharmakotherapie eines depressiv Kranken mit Suizidimpulsen und -ideen ist zwischen der antidepressiven Medikation der depressiven Grunderkrankung und der zusätzlichen psychopharmakotherapeutischen Unterstützung der Suizidprävention zu unterscheiden. Die Psychopharmakotherapie der Suizidalität umfasst im wesentlichen Benzodiazepin-Tranquilizer und sedierend-anxiolytische Neuroleptika, mit dem Ziel rasch eine Entspannung, Sedation, Anxiolyse, emotionale Distanzierung von Handlungsdruck und Schlafförderung herbeizuführen. Die Behandlung der depressiven Grundkrankheit hängt ab von den Regeln der Depressionsbehandlung, wobei die Antriebslage mit beachtet werden soll. Bei agitiert-ängstlichen depressiven Zustandsbildern (insbesondere wenn mit Suizidalität oder auch mit Wahnsymptomatik) sollten keine stark aktivierenden Substanzen, sondern, wie auch sonst eher üblich in der Pharmakotherapie der Depression, antriebsneutrale und sedierende Antidepressiva verwendet werden. In der akuten suizidalen Krise wird man immer die Psychopharmakotherapie der Depression und die Psychopharmakotherapie der Suizidalität aufeinander abstimmen.

Suizidale Krisen im Verlaufe einer depressiven Erkrankung kann es immer wieder geben. Allerdings spricht die therapeutisch-klinische Erfahrung dafür, dass das Suizidrisiko unter konstanten, regelmäßigen und hilfreichen Therapiebedingungen – therapeutische Beziehung, Verlässlichkeit und Regelmäßigkeit, adäquate Psychopharmakotherapie, Zuversicht vermittelnde Gesamtplanung und Perspektive, Aufmerksamkeit der Therapeuten – eher abnimmt bzw. zu einem handhabbaren und vor allem „überlebbaren" Risiko wird.

10 Soziotherapeutische Maßnahmen

Wie schon mehrfach angeklungen, sind soziotherapeutische Interventionen ein wichtige Bestandteil der Therapie. Einen Teil davon bildet die „klassische Sozialarbeit". Gerade Patienten mit chronischen Depressionen sehen sich oft sozialen Konstellationen gegenüber, die nicht nur ihnen selbst schwer zu bewältigen erscheinen, sondern es auch objektiv betrachtet *sind* – per definitionem besteht die Krankheit schon über einen längeren Zeitraum und so haben auch die dadurch aufgetretenen Schwierigkeiten Zeit gehabt, sich zu verfestigen bzw. waren die Patienten oft schon länger nicht mehr in der Lage, sich um wichtige Bereiche ihres Lebens adäquat zu kümmern. Hier ist die Kompetenz von Fachleuten für diese Belange sprich: Sozialarbeiter bzw. Sozialpädagogen ein wichtiger Bestandteil der Behandlung (zum Folgenden Schuler und Grünewald 1997, Schuh 2003).

Das beginnt bereits bei der Aufnahme eines Patienten im stationären Rahmen. Sich auf die Behandlung einzulassen, wird ihm leichter fallen, wenn er weiß, dass sich die Umstände in seinem „natürlichen Umfeld draußen" nicht weiter verschlechtern, weil er seine Pflichten nicht wahrnehmen kann: Die Versorgung von Kindern oder anderen Verwandten, die auf den Patienten bisher angewiesen waren (z.B. pflegebedürftige Verwandte etc.) oder auch die Regelung von Belangen der Krankenversicherung sind Beispiele dafür. Hier kann ein stationär arbeitender Sozialpädagoge zeitweise dem Patienten bzw. seiner Familie zur Seite stehen und ihnen helfen, anstehende Probleme zu lösen, um dann im Verlauf der Behandlung immer mehr Verantwortung wieder an die Betroffenen zurückzugeben, soweit dies möglich erscheint. Werden die Maßnahmen gemeinsam mit dem Patienten vorbereitet und dann gemeinsam mit ihm durchgeführt, kann dies eine doppelt positive Wirkung haben: Der Patient gewinnt den nötigen Einblick in seine eigenen Belange und kann im Rahmen seiner Möglichkeiten selbst dazu beitragen, die Probleme zu bewältigen, die anfangs noch schier unbewältigbar erschienen. Im günstigsten Fall kann diese Erfahrung als generalisierende Lernerfahrung bei anderen Situationen dienen: „Wenn ich mich vor ein schweres Problem gestellt sehe, das mir zuerst kaum bezwingbar erscheint, kann ich mir immer noch jemanden suchen, der sich gut damit auskennt und der mir dabei hilft, es doch in den Griff zu kriegen."

Je nach Grad der Beeinträchtigung des Patienten stehen verschiedene Bereiche im Vordergrund der Interventionen: Bei noch arbeitsfähigen Patienten hat der Erhalt des Arbeitsplatzes einen großen Stellenwert. Hier kann beispielsweise durch einen gestuften Wiedereinstieg die Rückkehr an die „alte Stelle" erleichtert, ja oft erst möglich gemacht werden, da bei vielen Patienten der Übergang von Krankschreibung auf Vollzeitarbeit einen zu großen Schritt darstellen würde, der die erreichten Besserungen wo nicht zerstören, so doch gefährden würde. Damit eng verbunden ist ganz allgemein die Sicherung des Lebensunterhaltes des Betroffenen, v.a. in den Fällen, in denen die Arbeitsfähigkeit nicht wiederhergestellt werden kann. Vorzeitige Berentung, das Zuziehen der Schuldnerberatung, Unterstützung bei der Beantragung von Maßnahmen nach dem Arbeitsförderungsgesetz etc. können hier wichtige Schritte sein. Daran anschließend bzw. darauf aufbauend können Sozialtrainings, bei denen der Patient lernt, seine Finanzen wieder selbst zu regeln und sich selbst zu versorgen, bzw. wo dies nicht mehr möglich ist, fürsorgerische Interventionen v.a. für alte Patienten wie das Suchen von Alten(pflege)heimplätzen, Gesundheitsfürsorge, ambulante psychiatrische Pflege, „Essen auf Rädern" und das Sicherstellen einer gewissen Kontaktdichte.

Weitere wichtige Bestandteile soziotherapeutischer Arbeit stellen Psychoedukation und v.a. die Begleitung des Patienten in seine alltägliche Umgebung dar (Schuler und Grünewald 1997); (Vgl. auch Tab. 26: Soziotherapie bei Depression). Der Sozialarbeiter kann dabei von verschiedenen Seiten aus betrachtet Entscheidendes zum Therapieprozess beitragen: Sowohl diagnostisch wie auch für die Planung des weiteren Vorgehens ist es aufschlussreich, das Lebensumfeld des Patienten „aus erster Hand" kennen zu lernen. Das „Sichannähern" an den Ort, an dem die Probleme des Patienten erstmals aufgetreten sind und an den er nach dem schützenden Rahmen der Klinik wieder zurückkehren wird, um sich einigen davon wieder stellen zu müssen, kann für den Patienten sehr angstbesetzt sein – das *gemeinsame* Dorthingehen und direkt vor Ort miteinander darüber zu sprechen, kann hier eine große Hilfe sein und den Schritt leichter erscheinen lassen. Gerade und besonders die Angehörigenarbeit kann hier auch in einem Umfeld stattfinden, das für die Angehörigen vertraut ist, was evtl. das Aufeinanderzugehen leichter machen kann als es in der Klinik möglich wäre.

Es gilt, „so viele Brücken wie möglich von Therapie zum Alltag und vom Alltag zur Therapie zu bauen" – Sozialarbeit kann und soll dabei einen wichtigen Beitrag leisten, indem sie eine „Brücke von den in der Therapie eingeleiteten neuen Verhaltensweisen zur notwendigen Veränderung in der realen Lebensumwelt des Patienten" darstellen kann (Schuler und Grünewald 1997).

Tabelle 45: Sozialarbeiterisch relevante Institutionen

Ambulantes Sozialpsychiatrisches Netz
Vermittlung zu Sozialpsychiatrischen Diensten, Tagesstätten, Kontaktcafes, Angehörigengruppen, Nachsorge, Berufsbegleitende Dienste, Integrations- projekt, Betreutes Einzelwohnen, Rehabilitationseinrichtungen für psychisch Kranke (RPK)

Krankenkassen
Versicherungsschutz, Krankengeld, Haushaltshilfe, Kinderbetreuung, ambulante psychiatrische Pflege, BKK-Modell

Arbeitsamt
Arbeitsvermittlung, Stelleninformationssystem SIS, Arbeitslosengeld, -hilfe, AFG-Finanzierung nach Krankengeld, Berufsberatung, Berufsinformations- zentrum, Frauenförderstelle, Rehaberatung, Umschulung

Versorgungsämter
Schwerbehindertenantrag zur Erweiterung des Kündigungsschutzes

Sozialämter
Lebensunterhalt, einmalige Hilfen

Jugendämter
Sorge- und Umgangsrecht, Familienhelferinnen, Unterhaltsvorschusskasse

IAV-Stellen
Koordination von pflegerischen Diensten, Sozialstationen, Nachbarschafts- hilfe, Wohnprojekten

für Senioren
Seniorenbegegnungsstätten, Rat, Wohnformen

für Frauen
Frauenzentrum, Förderstelle, Modell Mutter und Kind, Krabbelgruppen

Rentenversicherungsträger
Rente, Widerspruch, Rehafinanzierung

Landesbauernverband
Betriebs- und Dorfhelfer, Beratung bei Hofaufgabe, Pacht, Sonderfonds für Erholungszeiten

für Asylanten und Ausländer
-beauftragte, Beratungsdienste für Ausländer, -ämter, (Duldung)

Banken, Versicherungen, Inkassofirmen

Schuldnerberatung, Rechtsanwälte, Verbraucherschutz

Ordnungs-, Wohnungs-, Gesundheitsamt

Amts- und Sozialgerichte

Selbsthilfegruppen

Arbeitskreise zur Planung und Vernetzung der Versorgung in der Region

11 Abschlussbemerkung

Psychotherapie mit chronisch Depressiven ist Langzeittherapie und wird sich am Einzelfall, der Person und deren Lebenssituation orientieren müssen. Die innere Einstellung dazu muss auf therapeutischer wie auf Patienten-Seite erarbeitet und positiv als Entwicklungsmöglichkeit formuliert werden. Alles andere ist erlernbare Methodik und Anwendung jeweils passender Therapieansätze – schulenübergreifend, manchmal auch un-orthodox – und Erfahrung.

12 Literatur

Akiskal HS & Mc Kinney WT. (1975). Overview of recent research in depression. Archives of General Psychiatry, 32: 285-304

Akiskal HS (1982). Factors associated with incomplete recovery in primary depressive illness. J Clin Psychiatry 43: 266-271

Akiskal HS (1983). Dysthymic disorder: Psychopathology of proposed chronic depressive subtypes. Am J Psychiatry 150: 11-20

Akiskal HS (1995). Mood disorders. Clinical features. Kaplan HI, Sadock BJ (eds.). Comprehensive textbook of psychiatry/XI, Vol. 1. Williams & Wilkins, Baltimore, USA, 1123-1152

Alloy LB, Abramson LY (1979). Judgement of contingency in depressed and nondepressed students: Sadder but wiser? Journal of Experimental Psychology, General, 108, pp. 441-485

Alloy LB, Abramson LY (1988). Depressive realism: Four theoretical perspectives. In Alloy LB (ed.). Cognitive processes in depression, New York, Guilford Press, pp. 223-265

American Psychiatric Association (1996). DSM-IV (Deutsche Ausgabe). Göttingen: Hogrefe

Andrews G (2001). Should depression be managed as a chronic disease? BMJ 322: 419-421

Angst J, Preissig M (1995). Course of unipolar, bipolar affective and schizoaffective disorders. Results from a prospective study from 1959 to 1985. Swiss Arch Neurol Psychiatry 146: 5-16

Arieti S, Bemporad J (1983). Depression. Krankheitsbild, Entstehung, Dynamik und psychotherapeutische Behandlung (deutsche Übersetzung). Klett-Cotta, Stuttgart

Arolt V (1998). Public Health. Kap. 22.6 Psychiatrische Erkrankungen. In: Schwartz FW, Badura B, Leidl R, Raspe H, Siegrist J (Hrsg.). Das Public Health Buch. Gesundheit und Gesundheitswesen. Urban & Schwarzenberg, München Wien Baltimore, 467-476

Bandura A (1977). Self-efficacy: Toward a unifying theory of behavioral change. Psychological Review 84: 191-215

Bategay R (1985, 2. Aufl. 1987). Depression. Psychophysische und soziale Dimension. Therapie. Huber Bern Stuttgart Toronto

Benedetti G (1987). Analytische Psychotherapie der affektiven Psychosen. In: Kisker H, Lauter H, Meyer JE, Müller C, Strömgen S (Hrsg.). Psychiatrie der Gegenwart, 3. Auflage, Band 5. Springer, Berlin Heidelberg New York, 369-385

Benedetti G (1988). Zur psychodynamischen Struktur und zur Psychotherapie der Depression. In: Wolfersdorf M, Kopittke W, Hole G (Hrsg.). Klinische Diagnostik und Therapie der Depression. Roderer, Regensburg, 9-22

Bibring E (1952). Das Problem der Depression. Psyche 6: 81-101

Birnbacher D, Kottje-Birnbacher L (1996). Ethik in der Psychotherapie und der Psychotherapieausbildung. In Senf W, Broda M (Hrsg.). Praxis der Psychotherapie: ein integratives Lehrbuch für Psychoanalyse und Verhaltenstherapie. Stuttgart, Thieme

Broadhad WE, Blazer DG, George LK, CTse CK (1990). Depression, disability days, and days lost from work in a prospective epidemiologic survey. JAMA 264: 2524-2528

Brodaty H, Luscombe G, Peisah C, Anstey K, Andrews G (2001). A 25 year longitudinal comparison study of the outcome of depression. Psychol Med 31 (8). 1347-1359

Bronisch Th (1997). Die depressive Persönlichkeit im Zeitalter von DSM-IV und ICD-10. In: Wolfersdorf M (Hrsg.). Depressionsstationen/Stationäre Depressionsbehandlung. Springer, Berlin Heidelberg New York S. 123-138

Bronisch Th (Hrsg.) (2002). Psychotherapie der Suizidalität. Thieme, Stuttgart New York

Bronisch Th, Götze P, Schmidtke A, Wolfersdorf M (Hrsg.) (2002). Suizidalität. Ursachen-Warnsignale-therapeutische Ansätze. Schattauer, Stuttgart New York

Brown GW, Harris TO (1978). Social origins of depression. A study of psychiatric disorder in women. Tavistock, London

Brown GW, Harris TO (1986). Establishing causal links: The Bedford College studies of depression. In: Katschnig H (ed.). Life events and psychiatric disorders: Controversial issues. University Press, Cambridge, 107-187

Dilling H, Mombour W, Schmidt MH (Hrsg.) (1993). Internationale Klassifikation psychischer Störungen. ICD-10 Kapitel V (F). Klinisch-diagnostische Leitlinien. Verlag Hans Huber, Göttingen Bern

Eike-Spengler M (1977). Zur Entwicklung der psychoanalytischen Therapie der Depression. Psyche 12: 1078-1125

Elhardt S (1981). Neurotische Depression. Psychother Med Psychol 31: 10-14

Erfurth A, Möller H-J (2000). Vorgehen bei Antidepressiva-Nonrespondern. In: Moeller H-J (Hrsg.). Therapie psychiatrischer Erkrankungen. Thieme, Stuttgart New York, 407-413

Ermann M (1997). Psychotherapeutische und psychosomatische Medizin. 3. Auflage, Kohlhammer, Stuttgart, insbesondere S. 136

Ernst C (1996). Unipolar and bipolar disorder: primorbid personality inpatients and in community samples. In: Mundt Ch, Goldstein MJ, Halweg K, Fiedler B (eds.). Interpersonal factors in the origin and course of affective disorders. Gaskell, London, 89-100

Fähndrich E (1992). Schizophrene und endogen depressive Patienten fünf Jahre nach dem Beginn ihrer Erkrankung. Ein Versuch, Verlaufsprädiktoren zu beschreiben. In: Steiner B, Keller F, Wolfersdorf M (Hrsg.). Katamnese-Studien in der Psychiatrie. Hogrefe Verlag für Psychologie, Göttingen Toronto Zürich, 41-56

Faravelli C, Ambonetti A, Pallanti S, Pazzagali A (1986). Depressive relapses and incomplete recovery from index episode. Am J Psychiatry 143: 888-891

Fava GA (1992). Depression in medical settings. In: Paykel ES (ed.). Handbook of affective disorders. 2. Edition. Guilford, New York London, 667-658

Fava M (2001). Pharmacological treatment options. Symposium „Treatment-resistent depression across the lifespan". APA 154th Annual Meeting, 06. May 2001 New Orleans, USA

Fichter MM (1990). Verlauf psychischer Erkrankungen in der Bevölkerung. Springer, Berlin Heidelberg New York

Freud S (1917). Trauer und Melancholie. In Gesammelte Werke Band X. Fischer, Frankfurt 1967

Giernalczyk Th (Hrsg.) (1997). Suizidgefahr-Verständnis und Hilfe. DGVT-Verlag Tübingen (2. Auflage 2002 im Druck)

Hammen C (1996). Stress families, and the risk of depression. In: Mundt Ch, Goldstein MJ, Halweg K, Fiedler B (eds.). Interpersonal factors in the origin and course of affective disorders. Gaskell, London, 100-112

Hamilton, M (1960). A rating scale for depression. Journal of Neurology, Neurosurgery, Psychiatry 23: 56-62

Harris TO, Brown GW (1996). Social courses of depression. Curr Opin Psychiatry 9: 3-10

Hautzinger, M (1998). Depression. Göttingen, Hogrefe

Hautzinger M, Bailer M, Worall H, Keller F (1993). Beck-Depressions-Inventar (BDI). Bern, Huber

Hautzinger M, de Jong-Meyer R (1998). Depressionen. In: Reinecker H (Hrsg.). Lehrbuch der Klinischen Psychologie: Modelle psychischer Störungen. Göttingen, Hogrefe

Heindl A (2001). Wie häufig sind chronische bzw. sog. therapieresistente Depressionen? Ergebnisse einer Umfrage auf Depressionsstationen. Krankenhauspsychiatrie 12 (Sonderheft 1). S28-S33

Heindl A (2003). Depressionsambulanz. In: Wolfersdorf M, Kornacher J, Rupprecht U (Hrsg.). Stationäre Depressionsbehandlung. Neue Themen. Regensburg, Roderer

Hoffmann N, Schauenburg H (2000). Psychotherapie der Depression. Krankheitsmodelle und Therapiepraxis-störungsspezifisch und schulenübergreifend. Thieme, Stuttgart New York

Holsboer-Trachsler E, Vanoni Chr (1998). Depression und Schlafstörungen in der Allgemeinpraxis. Medical Congress MCG-Verlag Binningen, Schweiz

Hübner-Liebermann B, Spießl H, Cording C (2001). Unterschiede zwischen chronischen und nicht-chronischen Depressionen im Spiegel der DGPPN-BADO. Krankenhauspsychiatrie 12 (Sonderheft 1). 10-14

Joraschkay P (1983). Psychotherapeutische Methoden bei der Behandlung depressiver Verstimmungen. In: Daun H, Lungershausen E, Wittkowski R (Hrsg.). Das depressive Syndrom-Schäden peripherer Einzelnerven-Epilepsie. Diagnose und Therapie. Frankfurt am Main, 81-96

Judd LL, Akiskal HS (2000). Delineating the longitudinal structure of depressive illness: Beyond Clincal subtypes and duration thresholds. Pharmacopsychiatry 33: 3-7

Kanfer F, Reinecker H, Schmelzer D (1996). Selbstmanagement-Therapie: ein Lehrbuch für die klinische Praxis. Berlin, Springer

Kasper S, Buchkremer G, Dilling H, Gaebel W, Hautzinger M, Holsboer-Trachsler E, Linden M, Möller H-J, Pöldinger W, Wittchen H-U, Wolfersdorf M (1994). Depressive Störungen erkennen und behandeln. Karger, Basel Freiburg Paris London New York

Katschnig H, Nutzinger DO (1988). Psychosocial aspects of course and outcome in depressive illness. In: Helgerson T, Daly RJ (eds.). Depressive illness. Prediction of course and outcome. Springer, Berlin Heidelberg New York, 63-89

Keller F, Steiner B, Wolfersdorf M, Hautzinger M, Nostitz von E (1992). Rückfall bei Depressiven im Jahr nach Entlassung: Erfassungsprobleme, Methoden und Ergebnisse. In: Steiner B, Keller F, Wolfersdorf M (Hrsg.). Katamnese-Studien in der Psychiatrie. Hogrefe Verlag für Psychologie, Göttingen Toronto Zürich, 1-20

Keller F (1997). Belastende Lebensereignisse und Verlauf von Depressionen. Waxmann, Münster New York München Berlin

Keller MB, McCullough JP, Klein DM, Arnow B, Dunner DL, Gelenberg AJ, Markowitz JC, Nemeroff CB, Russell JM, Thase ME, Trivedi MH, Zajecka J (2000). A comparison of nefazodon, a cognitive behavioral analysis system of psychotherapy, and their combination for the treatment of chronic depression. N Engl. J Med 342: 1462-1470

Keller MB (2001). Long-term treatment of recurrent and chronic depression. J Clin Psychiatry 62 (Suppl. 24). 3-5

Kieloh LG, Andrews G, Nelson M (1988). The long-term outcome of depressive illness. Brit J Psychiatry 153: 752-757

Kopittke W (1989). Chronische Depression. Krankheit oder Lebensgeschichte? In: Kopittke W, Rutka E, Wolfersdorf M (Hrsg.). 10 Jahre Weissenauer Depressionsstation. Zwischen Versorgungsauftrag und Forschung-ein Rückblick. Roderer, Regensburg, 75-94

Kornacher J, Wolfersdorf M (2000). Zur Psychopharmakotherapie in der klinischen Depressionsbehandlung. Management of Depression. Letter Nr. 13 (Hrsg. M. Wolfersdorf); ARCIS Verlag, München

Kocsis JH (2000). New strategies for treating chronic depression. J Clin Psychiatry 61 (suppl. 11). 42-45

Kraepelin E (1913). Psychiatrie. Ein Lehrbuch für Studierende und Ärzte. 8. Aufl. Johann Ambrosius Barth, Leipzig

Kupfer DJ (1991). Long-term treatment of depression. J Clin Psychiatry 52 (suppl. 5). 28-34

Kupfer DJ (1993). Management of reccurent depression. J Clin Psychiatry 54 (2, Suppl.). 29-33

Lara ME, Klein DM (1999). Psychosocial processes underlying the maintenance and persistence of depression: implications for understanding chronic depression. Clinical Psychology Review 19: No. 553-570

Laux G (1986). Chronifizierte Depression. Enke, Stuttgart

Laux L (1991). Bewältigung von Belastungen in der Familie. Memorandum Nr. 19, Lehrstuhl Psychologie IV, Universität Bamberg

Lee HS, Murray RM (1988). The long-term outcome of maudseley depressives. Brit J Psychiatry 153: 741-751

Lenz G, Fischer P (1995). Behandlungsstrategien bei therapieresistenter Depression. Stuttgart, Thieme

Linden M (1984). Nicht-endogene Depressionen in der Sicht niedergelassener Nervenärzte. In: Haase H-J (Hrsg.). Der depressive Mensch. perimed Fachbuch-Verlagsgesellschaft, Erlangen, 44-50

Lyness JM, Caine ED, King DA, Conwell Y, Duberstein PR, Cox C (2002). Depressive disorders and symptoms in older primary care patients: one-year outcomes. Am J Geriatr Psychiatry 10 (3). 275-282

Mahnkopf A (2001). Besonderheiten im Umgang mit chronisch Depressiven. Krankenhauspsychiatrie, Sonderheft Chronische Depression, 12. Jahrgang, September 2001, 46-49

Mahnkopf A, Rahn E (1997). Angehörigenarbeit in der Depressionsbehandlung. In: Wolfersdorf M (Hrsg.). Depressionsstationen. Stationäre Depressionsbehandlung. Springer, Berlin Heidelberg New York

Marneros A, Deister A (1990). Chronische Depression-Psychopathologie, Verlaufs-aspekte und prädisponierende Faktoren. In: Möller H-J (Hrsg.). Therapieresis-tenz unter Antidepressiva-Behandlung. Springer, Berlin Heidelberg, 1-12

Martini F (1941). Klinischer Beitrag zur Forschung der chronischen Manie und Melancholie (ital.). Referat Zbl Neur 101: 257

Mojtabai R (2001). Residual symptomes and impairment in major depression in the community. Am J Psychiatry 158: 1645-1651

Monroe SM, Kupfer DJ, Frank EF (1992). Life stress and treatment course or recur-rent depression. I. Response during index episode. J Consulting Clinical Psy-chology 60: 718-724

Mueller TI, Leon AC, Keller MB et al. (1999). Recurrence after recovery from major depressive disorder during 15 years of upservational follow-up. Am J Psychiatry 156: 1000-1006

Mulder RT (2002). Personality pathology and treatment outcome in major depres-sion: a review. Am J of Psychiatry 159 (3). 359-371

Mundt Ch (1996). Die Psychotherapie depressiver Erkrankung: zum theoretischen Hintergrund und seiner Praxisrelevanz. Nervenarzt 67 (3). 183-197

Mundt Ch (1998). Psychopathologische und psychosoziale Frühindikatoren depres-siver Erkrankungen. In: Klosterkötter J (Hrsg.). Frühdiagnostik und Frühbehand-lung psychischer Störungen. Springer, Berlin Heidelberg, 170-183

Mundt Ch, Goldstein MJ, Halweg K, Fiedler B (eds.). Interpersonal factors in the origin and course of affective disorders. Gaskell, Royal College of Psychiatrists, London

Paykel ES, Ramana R, Cooper Z, Hayhurst H, Kerr J, Barocka A (1995). Residual symptoms after partial remission: an important outcome in depression. Psychol Med 25: 1171-1180

Piccinelli M, Wilkinson G (1994). Outcome of depression in psychiatric settings. Brit J Psychiatry 164: 297-301

Post RM (1992). Transduction of psychosocial stress into the neurobiology of re-current affective disorder. Am J Psychiatry 149: 999-1010

Post RM (1990). Sensitization and kindling perspectives for the course of affective illness: toward a new treatment with the anticonvulsant carbamazepine. Phar-macopsychiatry 23 (1). 3-17

Preskorn SH (1997). Klinische Pharmakologie der selektiven Serotonin-Wiederaufnahmehemmer. 1. Auflage. Professional Communications, Caddo, OK, USA (deutsche Übersetzung)

Reichardt M (1923). Allgemeine spezielle Psychiatrie. Gustav Fischer, Jena

Reimer C (1988). Tiefenpsychologisch-psychodynamische Ansätze bei der Depres-sion. In: Wolfersdorf M, Kopittke W, Hole G (Hrsg.). Klinische Diagnostik und Therapie der Depression. Roderer Regensburg, 160-170

Reimer C (1995). Tiefenpsychologische Zugänge zu depressiv Kranken. Psychotherapeut 40: 367-372

Reimer C (1996). Tiefenpsychologisch orientierte Depressionsbehandlung. In: Reimer C, Eckert J, Hautzinger M, Wilke E. Psychotherapie. Ein Lehrbuch für Ärzte und Psychologen. Springer, Berlin Heidelberg New York, 406-415

Riemann F (1961). Grundformen der Angst. Eine tiefenpsychologische Studie. Reinhardt, München Basel

Riemann F (1976). Grundformen der Angst. München. Ernst Reinhardt Verlag, München

Ruppe A (1996). Langzeitverlauf von Depressionen. Psychopathologische Faktoren als Risikofaktoren und Prädiktoren. Ergebnisse einer prospektiven 6-Jahres-Katamnese. Roderer, Regensburg

Rupprecht U, Heindl A (2003). Selbsthilfegruppen mit Depressiven. In: Wolfersdorf M, Kornacher J, Rupprecht U (Hrsg.). Stationäre Depressionsbehandlung. Regensburg, Roderer.

Sachverständigenrat für die Konzertierte Aktion im Gesundheitswesen (2000/2001). Bedarfsgerechtigkeit und Wirtschaftlichkeit. Band III. Über-, Unter- und Fehlversorgung. Ausführliche Zusammenfassung. Bundesministerium für Gesundheit, Bonn, 30. August 2001

Schaller, S., Schmidtke, A (2001). Verhaltenstheoretische Überlegungen zur Chronifizierung depressiver Erkrankungen. Krankenhauspsychiatrie, Sonderheft Chronische Depression, 12. Jahrgang, September 20001, 25-27

Schauenburg H, Beutel M, Bronisch Th, Hautzinger M, Leichsenring F, Reimer C, Rüger U, Sammet I, Wolfersdorf M (1999). Zur Psychotherapie der Depression. Psychotherapeut 44: 127-136

Schuh B (2003). Sozialarbeit auf einer Depressionsstation. In: Wolfersdorf M, Kornacher J, Rupprecht U (Hrsg.). Stationäre Depressionsbehandlung. Neue Themen. Regensburg, Roderer.

Schuler B, Grünewald I (1997). Wege entstehen, wenn man sie geht-Sozialarbeit auf einer Depressionsstation. In: M. Wolfersdorf (Hrsg.) (1997). Depressionsstationen. Stationäre Depressionsbehandlung. Springer, Berlin Heidelberg New York

Seligman MEP (1975). Helplessness. On Depression, Development, and Death. San Francisco, Freeman.

Seligman MEP (1986). Erlernte Hilflosigkeit. München, Urban & Schwarzenberg

Senf W, Broda M (Hrsg.) (1996). Praxis der Psychotherapie: ein integratives Lehrbuch für Psychoanalyse und Verhaltenstherapie. Stuttgart, Thieme

Sorgatz, H (1999). Verhaltenstheoretische Konzepte und Modelle psychischer Störungen. In H. Reinecker (Hrsg.). Lehrbuch der Verhaltenstherapie, Tübingen, Dgvt-Verlag

Spießl H, Hübner-Liebermann B, Cording C (2001). Zur Häufigkeit chronischer Depressionen im klinischen Bereich. Ergebnisse der Basisdokumentation. Krankenhauspsychiatrie 12 (Sonderheft 1). 6-9

Stahl StM (1999). Psychopharmakologie der Antidepressiva. Deutsche Übersetzung der Erstveröffentlichung in Großbritannien 1997. Dunitz, London

Stefanis CN, Stefanis NC (1999). Diagnosis of depressive disorders: A review. In: May M, Sartorius N (eds.). WPA Series Volume 1: Depressive disorders. Wiley & Sons, Chichester, England, 1-51

Steiner B, Keller F, Wolfersdorf M, Hautzinger M, Nostitz von E (1992). Zum Stellenwert unterschiedlicher psychosozialer Faktoren für den Verlauf depressiver Erkrankungen. In: Steiner B, Keller F, Wolfersdorf M (Hrsg.). Katamnese-Studien in der Psychiatrie. Hogrefe Verlag für Psychologie, Göttingen Toronto Zürich, 21-40

Stransky E (1911). Das manisch-depressive Irresein. In: Aschaffenburg's Handbuch, Band 6, Fr. Deuticke, Leipzig-Wien

Surtees PG, Miller PMC, Ingham JG, Kreitman NB, Rennie D, Sashidharan SP (1986). Life events and the onset of affective disorder. A longitudinal general populationstudy. J Affective Disorder 10: 37-45

Tellenbach H (1976). Melancholie. 3. Auflage. Springer, Berlin Heidelberg New York

Tellenbach H (1988). Verschränkung natürlichen und geschichtlichen Daseins im Typus Melancholicus. In: Wolfersdorf M, Kopittke W, Hole G (Hrsg.). Klinische Diagnostik und Therapie der Depression. Roderer, Regensburg, 23-34

Trivedi MH, Kleiber BA (2001). Algorithm for the treatment of chronic depression. J Clin Psychiatry 62 (Suppl. 6). 22-29

Volk StA, Travers H-W, Neubig (1998). Depressive Störungen: Diagnostik, Ursachen, Psycho- und Pharmakotherapie. Stuttgart. Kohlhammer Stuttgart Berlin Köln

Weissman MM, Clearman GL (1977). The chronic depressive in the community: Unrecognized and poorly treated. Comprehensive Psychiatry 18 (6)

Wisdom JO (1967). Die psychoanalytischen Theorien über die Melancholie. J Psychoanal 4: 102-154

Wittchen H-U, Knäuper B, Kessler RC (1994). Life-time risk of depression. Brit J Psychiatry 165 (Suppl. 26). 16-22

Wittchen H-U, Knäuper B, Kessler R (1994). Life-time risk of depression. Brit J Psychiatry 94: 16-22

Wittchen H-U, Müller N, Schmidtkunz B, Winter S, Pfister H (2000). Erscheinungsformen, Häufigkeit und Versorgung von Depression. Ergebnisse des bundesweiten Gesundheitssurveys „psychische Störungen". Fortschritte der Medizin 118 (Sonderheft I/2000). 4-10

Wittchen H-U, Winter S, Höfler M, Spiegel B, Ormel H, Müller N, Pfister H (2000). Häufigkeit und Erkennensrate von Depressionen in der hausärztlichen Praxis. Fortschritte der Medizin 118 (Sonderheft I/2000). 22-30

Wolfersdorf M (Hrsg.) (1997). Depressionsstationen/Stationäre Depressionsbehandlung, Springer, Berlin Heidelberg New York

Wolfersdorf M, Stieglitz R-D, Metzger R, Ruppe A, Stabenow S, Hornstein Chr, Keller F, Schell B, Berger M (1997). Modellprojekt zur Qualitätssicherung der klinischen Depressionsbehandlung. Erste Ergebnisse und Erfahrungen aus einem Pilotprojekt zur Prozess- und Ergebnisqualität der Behandlung depressiver Patienten in 4-psychiatrischen Krankenhäusern Baden-Württembergs. In: Berger M, Gaebel W (Hrsg.). Qualitätssicherung in der Psychiatrie. Springer, Berlin Heidelberg New York, 67-86

Wolfersdorf M, Keller F, Wohlt R (1985). Zur Klientel der Weissenauer und Reichenauer Depressionsstation. Darstellung stationärer depressiver Patienten anhand Angaben zur Stichprobe, Symptomatik und Suizidalität. In: Wolfersdorf M, Wohlt R, Hole G, (Hrsg.). Depressionsstationen. Erfahrung, Probleme und Untersuchungsergebnisse bei der Behandlung stationärer depressiv Kranker. Roderer, Regensburg, 141-175

Wolfersdorf M, Ruppe A, Heindl A, Keller F, Stieglitz R-D (1997). Chronisch rezidivierend und erstmals erkrankte Depressive. Nervenheilkunde 16: 451-457

Wolfersdorf M, Keller F, Ruppe A, Zimmermann U, Grünewald I, König F (1998). Prävention bei depressiven Störungen-psychosoziale Aspekte in der Primär- Sekundär- und Tertiärprävention. In: Klosterkötter J (Hrsg.). Frühdiagnostik und Frühbehandlung psychischer Störungen. Springer, Berlin Heidelberg New York, 185-203

Wolfersdorf M, Ruppe A, Keller F, König F (1997). Chronifizierung bei depressiven Erkrankungen und psychosoziale Faktoren. In: Bauer M, Berghöfer A (Hrsg.). Therapieresistente Depressionen. Springer, Berlin Heidelberg New York, 37-46

Wolfersdorf M, Kopittke W, Straub R, Witznick G, Studemund H, Metzger R, Hole G (1984). Depressiv Kranke in der psychiatrischen Klinik und das stationäre Therapiekonzept. In: Haase H-J (Hrsg.). Der depressive Mensch. perimed Fachbuch-Verlag, Erlangen, 65-90

Wolfersdorf M, Straub R, Helber I, Kopittke W, Hole G, Faust V (1981). Depressive Patienten in stationärer Behandlung. Erste Ergebnisse einer epidemiologischen Studie der Weissenauer Depressionsstation. Psychiatria Clinica 14: 226-244

Wolfersdorf M, Grünewald I, König F (1993). Die chronische Depression. Diagnostisches und therapeutisches Ärgernis? Therapiewoche 43 (39). 1976-1983

Wolfersdorf M, Heindl A (2001). Chronische Depression. Editorial. Krankenhauspsychiatrie 12 (Sonderheft S. 1). 1

Wolfersdorf M, Heindl A (Hrsg.) (2001). Chronische Depression. Workshop 19.-20.01.2001 Hollfeld/Bayreuth. Krankenhauspsychiatrie 12 (Sonderheft S. 1). 1- 63

Wolfersdorf M (2002). Was ist eine Depression? Pro Mente Sana, Schweizerische Stiftung, Zürich, Schweiz, 6-9

Wolfersdorf M (2001). Krankheit Depression erkennen, verstehen, behandeln. Psychiatrie-Verlag, Bonn, 2. Auflage

Wolfersdorf M (1995). Depressive Störungen. Phänomenologie, Aspekte der Psychodynamik und -therapie. Psychotherapeut 40: 330-347

Wolfersdorf M, Rupprecht U (2001). Depressive Störung - psychopathologische, psychodynamische und therapeutische Aspekte. Psychotherapie im Dialog 4: 389-396

Wolfersdorf M (1997). Depressionen aus psychiatrisch-psychotherapeutischer Sicht: Diagnostische und differentialdiagnostische Implikationen. In: Kruse G, Gunkel St (Hrsg.). Impulse für die Psychotherapie Band 2: Diagnostik und Psychotherapie depressiver Erkrankungen. Hannover'sche Ärzte-Verlags-Union, Hannover, 13-38

Wolfersdorf M, Kopittke W (1990). Zur chronischen und sogenannten therapieresistenten Depression: Teil 1. Phänomenologie und Verlauf. Krankenhauspsychiatrie 1: 51-60

Wolfersdorf M (2000). Der suizidale Patient in Klinik und Praxis. Suizidalität und Suizidprävention. Wissenschaftliche Verlagsgesellschaft, Stuttgart

Wolfersdorf M (Hrsg.) (1997). Depressionsstationen/ Stationäre Depressionsbehandlung. Springer, Berlin Heidelberg New York

Wolfersdorf M (Hrsg.) (1992). Hilfreicher Umgang mit Depressiven. Hogrefe Verlag f. Angewandte Psychologie, Göttingen

Wolfersdorf M, Kornacher J, Rupprecht U (Hrsg.) (2003). Stationäre Depressionsbehandlung. Neue Themen. Regensburg, Roderer

Zerssen von D (1996). „Melancholic" and „manic" types of personality as primorbid structures in affective disorders. In: Mundt Ch, Goldstein MJ, Halweg K, Fiedler B (eds.). Interpersonal factors in the origin and course of affective disorders. Gaskell, London, 65-88

Zimmer FD (1999). Verhaltenstherapeutische Strategien bei Depression-unter dem Gesichtspunkt der Zeit. In: Hartwich P, Haas St, Maurer K, Pflug B (Hrsg.). Affektive Erkrankungen und Lebensalter. Wissenschaft & Praxis, Berlin, 113 128

Zimmer FD (1991). Konzepte und Aspekte der Chronifizierung von Depressionen. In: Mundt C, Fiedler B, Lang H, Kraus A (Hrsg.). Depressionskonzepte heute: Psychopathologie oder Pathopsychologie. Springer, Berlin Heidelberg New York, 249-267

Zimmer FD, Brömer A (1990). Möglichkeiten der Verhaltenstherapie bei chronischen und therapieresistenten Depressionen. In: Möller H-J (Hrsg.). Therapieresistenz unter Antidepressiva-Behandlung. Springer, Berlin Heidelberg New York, 217-236

Zimmer, F.T (1995). Forschungsstand und Strategien kognitiver Verhaltenstherapie bei chronischen und therapieresistenten Depressionen. In: Lenz G, Fischer P. Behandlungsstrategien bei therapieresistenter Depression. Stuttgart, Thieme

Zimmerman M, Pfohl B, Canyell W, Stangl D (1987). The prognostic validity of DSM-III Axis IV in depressed inpatients. Am J Psychiatry 144: 102-106

Nicolas Hoffmann, Birgit Hofmann

Depression
Informationsmaterial für Betroffene und Patienten

Aufbauend auf ihrem erfolgreichen Fachbuch über "Verhaltenstherapie bei Depressionen" legen Hoffmann & Hofmann nun Informationsmaterial für Verhaltenstherapie-PatientInnen und Betroffene vor. Das psychoedukative und bibliotherapeutische Material kann vom Therapeuten unmittelbar in die Therapie integriert und für Hausaufgaben benutzt werden. Es liefert Informationen, Hinweise und Übungen für die Betroffenen, verdeutlicht die Vielfalt der therapeutischen Maßnahmen und bietet konkrete Beschreibungen depressiver Symptome sowie ihrer erlebnismäßigen Hintergründe.
Die einzelnen Kapitel beinhalten wichtige Schwerpunkte einer verhaltenstherapeutischen Behandlung. Nach den einzelnen Kapiteln können Betroffene Fragen an ihre TherapeutIn notieren. Weiter können sie Gedanken und Anregungen festhalten, die ihnen nützlich erscheinen, sowie einzelne Vorgehensweisen, die sich bei ihnen bewährt haben.
Das Buch eignet sich, außer für Betroffene, auch für Helfer und Angehörige, die sich mit der Lage depressiver Menschen und mit verhaltenstherapeutischen Maßnahmen dagegen auseinander setzen.

PABST SCIENCE PUBLISHERS
Eichengrund 28
D-49525 Lengerich,
Tel. ++ 49 (0) 5484-308,
Fax ++ 49 (0) 5484-550,
pabst.publishers@t-online.de
www.pabst-publishers.de

196 Seiten, ISBN 3-936142-81-5
Preis: 20,- Euro

Nicolas Hoffmann, Birgit Hofmann

Verhaltenstherapie bei Depressioneı

226 Seiten, ISBN 3-936142-25-4
Preis: 20,- Euro

Dieses Buch enthält einen in vielerlei Hinsich
neuen verhaltenstherapeutischen Ansatz be
Depressionen, der versucht, der Komplexität de
Störung gerecht zu werden.

Ausgehend von der Befindlichkeit betroffene
Menschen werden die Phänomene der Depres
sion, ihre Ursachen und mögliche therapeutisch
Ansatzpunkte differenziert betrachtet. Dabe
wird nicht nur von lerntheoretischen und kognit
ven, sondern auch von emotions- und volitions
zentrierten Überlegungen ausgegangen.

Es ist das Anliegen der Autoren, Therapeutlnne
dazu zu helfen, sich in die Erlebniswelt betro
fener Menschen und in die einzelnen Aspekt
ihrer Störung einzufühlen, und sich mit der Zei
ein breites therapeutisches Repertoire zusam
menzustellen.

Viele Beispiele, ausführliche Fallanalysen un
exemplarische therapeutische Gespräch
machen in besonderem Maße die Praxisrelevan
des Buches aus. Als Fazit der Überlegunge
werden zum Schluss sechzig praktische ve
haltenstherapeutische Interventionen bei De
pressionen sowie neue Hausaufgaben vorge
stellt.

PABST SCIENCE PUBLISHERS
Eichengrund 28, D-49525 Lengerich, Tel. ++ 49 (0) 5484-308,
Fax ++ 49 (0) 5484-550, E-mail: pabst.publishers@t-online.de
Internet: http://www.pabst-publishers.de

M. Lasar, U. Trenckmann (Hrsg.)

Psychotherapeutische Strategien der Schizophreniebehandlung

K.-F. Wessel: Das Menschenbild in Psychiatrie und Therapie - ein philosophischer Beitrag

U. Trenckmann: Krankheitsbewältigung bei schizophren gefährdeten Menschen

W. Vollmoeller: Stationäre Gesamtbehandlung schizophrener Psychosen: Grundsätzliche strategische Überlegungen

K. Hahlweg: Psychoedukative Familienbetreuung bei schizophrenen Patienten

W. P. Hornung, B. Schmitz-Niehues: Möglichkeiten verhaltenstherapeutischer Interventionen im Rahmen stationärer Behandlung von schizophrenen Patienten

A. Schaub: Bewältigungsorientierte Gruppentherapie für schizophren und schizoaffektiv Erkrankte in Verbindung mit Angehörigen

M. Lasar: Kognitive Bewertung von Handlungsergebnissen bei chronisch schizophren Kranken - Kontrollüberzeugungen von 100 Patienten

K. Peter, B. Preußler: Zur nichtmedikamentösen Therapie in der Schizophreniebehandlung

ISBN 3-931660-69-9

Preis: 15,- Euro

PABST SCIENCE PUBLISHERS
Eichengrund 28, D-49525 Lengerich, Tel. ++ 49 (0) 5484-308,
Fax ++ 49 (0) 5484-550, E-mail: pabst.publishers@t-online.de
Internet: http://www.pabst-publishers.de

Georg Bürger-Leier

Psychokick

Psychotherapie kann eine angenehme Erfahrung sein, und Sie können dadurch auch Ihre Probleme lindern oder loswerden - davon ist Georg Bürger-Leier überzeugt. Er schildert locker in kurzen überschaubaren Artikeln, was alles zur Psychotherapie dazugehört und was dabei beachtenswert ist.

Das Buch hilft Ihnen, wenn Sie sich für (eine) Psychotherapie interessieren oder auf den (nächsten) Psychotherapeuten besser vorbereitet sein wollen...

...oder wenn Sie etwas mehr darüber erfahren möchten, was bei den professionellen Psychos so abgeht.

Georg Bürger-Leier arbeitet seit über 20 Jahren als Psychotherapeut. Viele Anregungen bekam er durch den Austausch mit Kolleginnen und Kollegen, seine Tätigkeit als Ausbilder und Supervisor, als Hochschuldozent und durch Mitwirkung in einem Berufsverband - aber natürlich vor allem durch seine Patientinnen und Patienten.

PABST SCIENCE PUBLISHERS
Eichengrund 28
D-49525 Lengerich,
Tel. ++ 49 (0) 5484-308,
Fax ++ 49 (0) 5484-550,
pabst.publishers@t-online.de
http://www.pabst-publishers.de

128 Seiten, ISBN 3-89967-024-8
Preis: 10,- Euro